GUMBINNEN

HEILIGENBEIL

HEYDEKRUG

LYCK

NEIDENBURG

RASTENBURG

TILSIT

NIMMERSATT

MEMEL

SCHWARZORT

NIDDEN

ROSSITTEN

CHEN

CRANZ

Memelland

HEYDEKRUG

POGEGEN

Ruß

Gilge

HEINRICHS-
WALDE

TILSIT

RAGNIT

Memel

LABIAU

KURISCHES
HAFF

PILLKALLEN

Samland

SCHLOSSBE

HAUSEN

Pregel

WEHLAU

INSTERBURG

KÖNIGSBERG

TAPIAU

ALLENBURG

GUMBINNEN

TRAKEHNEN

FRIEDLAND

ANGERAPP

HILIGENBEIL

PR. EYLAU

GERDAUEN

GOLDAP

BERG

Alle

ANGERBURG

mland

HEILSBERG

TREUBURG

LÖTZEN

RASTENBURG

RÖSSEL

OSTPREUSSEN

GUTTSTADT

SENSBURG

Masuren

LYCK

Masuren

ALLENSTEIN

NIKOLAIKEN

OSTERODE

JOHANNISBURG

OHENSTEIN

LGENBURG

ORTELSBURG

NEIDENBURG

OLDAU

Unvergessene Heimat

Ostpreußen

Bernd G. Längin

Unvergessene
Heimat
Ostpreußen

Auf Spurensuche
im Bernsteinland

Bilddokumentation
Hanns Michael Schindler

Bechtermünz

Der Inhalt

*Seite 2: Speicheranlagen,
Symbole hansischer Kauf-
mannschaft, im Königs-
berger Stadthafen.*

Auf Spurensuche im Bernsteinland

»Een Schlesier on een Ostpreuß huckde gemöthlich bi 'nem Glaske Bier, vertellde Reiseabenteuer on loawte öhre Heimath sehr. De Schlesier meend: ›So een Berliner ös rötzig, on de Schlesier froh, gemöthlich merschdendeels de Sächser, de Ostpreuß grob wie Bohnenstroh.‹ ›Wat, schriet de Ostpreuß glick dazwöschen, ›du seggst, de Ostpreuße sönd grob? Wascht du torück dat Wort hier nehme, sonst hau ick di önt anne Kopp!‹«

Sind Ostpreußen wirklich so grob? Kann ein deutscher Stamm, der »Ein feste Burg ist unser Gott« über Kirchportale und Altare malte, Glockenspiele auf »Üb immer Treu und Redlichkeit« ab- und bei vielen Gelegenheiten »Nun danket alle Gott« anstimmte, überhaupt grob sein? Können Menschen, die sich landesüblich mit *Herrjeh*, *Erbarmung* und *Och Gottche* zu erkennen geben, Gedanken und Sätze angestammt mit Ei (wie in *Ei was is* dat?) beginnen, dazu ihren Alltag mit der Silbe -che (wie in Muttche, Vattche, Mannche oder Hundche) verkleinern, gar saugrob werden?

Es war zu Zeiten nicht einfach, außerhalb der östlichsten Grenzmark darauf die passende Antwort zu finden, kam man »im Reich«, wie sie an Inster, Angerapp oder Minge sagten, doch über leise Kenntnis und rohe Verflachung kaum hinaus. Ostpreußen, worunter man seit 1920 historisch ungenau die Landschaft jenseits des Polnischen Korridors verstand, mochte ein weit, weit vom Reichsmittelpunkt entferntes Refugium für Naturfreunde sein, für selbstgefällige Intellektuelle wie Kant, Herder oder – aus dem Gedränge der Genies genommen – E.T.A. Hoffmann. Schippernde Zippelkähne, Polenbilder und ländliches Milieu, überholte Strukturen und altes Platt. Stichwörter wie in »*Auf der Karte liegt Tollmingkehmen zwischen Walterkehmen und Mehlkehmen*« ... »*In der höchsten Spielklasse*

tritt Prussia Samland Königsberg [oder Hindenburg Allenstein] gegen Preußen Danzig an« ... »*Bei Ruß ist der Fluß über die Ufer getreten*«.

Viel mehr war über Land und Leute, das historische Phänomen des deutschen Ostens ganz generell, außerhalb Preußens häufig nicht zu erfahren. Zumindest bis zum Großen europäischen Krieg, hinterher Erster Weltkrieg genannt. Und selbst dann mußte Agnes Miegel, Königsbergs Meisterin der Ballade, noch fragen: »*Einsame, am Brückenkopf Deutschlands/Abseits den Schwestern, den sicher geborgenen, wohnend,/Über alles von Deinen Kindern Geliebte,/Sag, was wissen die Andern, Mutter, von dir?*«

Preußenland und ostpreußisches Volk: Der Durchschnittstyp ist groß, stämmig, massig und zäh, dazu ausgestattet mit hellen Augen, hellem Haar, besonders im Norden. Der Landsmann im Süden hat nach der Norm etwas kleiner, in der Komplexion dunkler, doch ebenfalls massig und stämmig zu sein (zugegeben, viel deutscher geht es auch im Restreich nicht). Ostpreußen sind etwas schwerfällig, auffallend langsam, Menschen, die ihre Lebensaufgabe in einer beharrenden und umso gründlicheren Natur sehen. Der Dickkopf gilt in Tutschen, Tutteln oder Bammeln als Stammesmerkmal, was der eine oder andere wie eine Ehrung trägt, weil in Domnau, Mehlsack oder Schippenbeil Dickköpfigkeit für des Menschen rechte Tugend gilt.

Ostpreußen sind seit jenem Tag, an dem sich ihr erster weltlicher Herrscher mit »Was mein Gott will, das g'scheh' allzeit« in die geistliche Dichtung einschrieb, evangelisch, als Ausnahme bestätigt das katholische Ermland die Regel. Ohne rechte Bodenschätze, mit Holz und Hering beschäftigt, vornehmlich auf Ackerbau konzentriert ... die Reichsstatistik ergänzt, daß zwischen Weichsel und Memel mit 20:100 viermal so viele Pferde auf den Bewohner kommen wie im übrigen Reich. Daß die Menschen in Dietrichs- oder

Ostpreußenlied

Sie sagen alle, du bist nicht schön,
Mein trautes Heimatland,
Du trägst nicht stolze Bergeshöh'n,
Nicht rebengrün' Gewand,
In deinen Lüften rauscht kein Aar,
Es grüßt kein Palmenbaum:
Doch glänzt der Vorzeit Träne klar
An deiner Küste Saum.
Und gibst dem König auch kein Erz,
Nicht Purpur, Diamant,
Klopft in dir doch das treuste Herz
Fürs heil'ge Vaterland.
Zum Kampfe lieferst du das Roß,
Wohl Tonnen Goldes wert,
Und Männer, stark zum Schlachtenroß,
Die kräft'ge Faust zum Schwert.
Und wenn ich träumend dann durchgeh'
Die düst're Tannennacht
Und hoch die mächt'gen Eichen seh'
In königlicher Pracht,
Wenn rings erschallt am Memelstrand
Der Nachtigallen Lied
Und ob dem fernen Dünensand
Die weiße Möve zieht:
Dann überkommt mich solche Lust,
Daß ich's nicht sagen kann,
Ich sing' ein Lied aus voller Brust,
Schlag froh die Saiten an.
Und trägst du auch nur schlicht' Gewand
Und keine stolzen Höh'n:
Ostpreußen, hoch! Mein Heimatland,
Wie bist du wunderschön!

Johanna Ambrosius

Heinrichswalde, Alte-Juchen oder Klein-Gnie durchschnittlich älter werden als in München, Köln oder Hamburg.

Das Klima ist gesund, dafür rauher als in irgendeiner Ecke Deutschlands, die Temperatur auf dem Landrücken pendelt sich im Schnitt bei 6,3 Grad Celsius, die jährliche Regenmenge zwischen 53 und 69 cm ein. Wachstumsperiode, Feld- und Getreidesegen: Für die Feldarbeit, was hier wirklich zählt, sind 1,75 Pferdetage erforderlich, wo sich der Bauer im Westfälischen nur 1,15 Pferdetage müht.

Zum Kulinarisch-Hausgemachten ... *Beetenbartsch mit Bauchstück dran/Damit fing die Woche an!* Gleich danach Erdschockekielke, Läpelkost und Bottermelksche Grött, Lutschpungel, Schupnis, Kakalinski oder Schaltennosen als Produkte verschiedener Köche. Im Landschaftstypischen neben Keilchen, Glumse und Fleck der arme Ritter. Zukunft braucht Erinnerung, mit Rittern hat man es hier seit jenem Tag, an dem Landmeister von Balk seinem bunten Reckenkontingent auf dem Waffenplatz Vogelsang *Nihil sine Deo* zubrüllte und zum Christenmachen in den Wilden Osten wies.

Für derart ausgerüstete Menschen spricht, daß sie ihren nicht gerade mit Reichtümern gesegneten Boden – vorwiegend sandige Lehme und lehmige Sande – zur Kornkammer Deutschlands, zum forst- und landwirtschaftlichen Überschußgebiet machten. Allem voran war ihnen jene Einordnung in einen Staat total gelungen, wie sie rechts der Weichsel zuerst praktiziert dem deutschen Charakter links der Weichsel kräftig widerstrebte. Ostpreußen, das amtlich erst seit 1773 existiert, war damit nicht nur geräumige Völkerwiege, sondern auch Wiege der Nation. Auch dann noch, als man Land und Leute in das beschauliche Leben einer Verwaltungsprovinz heruntergestuft hatte.

Wem historische Größe, rohe Verflachung und Reichsstatistik zu dürftig erschienen, konnte einer wie Herbert Lipp, mit Dangewasser getaufter Ver-

fasser von Romanen wie »Ein Sohn der Heimat« oder »Ostpreußisch Blut«, recht knorrig weiterhelfen: »*Hartknochig, breitstirnig und muskelstraff,/Steifnackig und starr wie die Mole am Haff,/Ein rechter Bär: der ostpreußische Mann./Rührt ihn nicht an! ... Es schuf das Meer sich sein eigen Geschlecht./Auf lehmschwerer Scholle, da wächst es sich recht./Grob wie sein Brot ist der ostpreußische Mann./Rührt ihn nicht an. (Litauer und Polen und wie ihr heißt:/Er beißt).*« Paul Wegener, ein Westpreuße, war anderweitig fündig geworden: »*Ich glaube, daß es des Ostpreußen Bestes ist, daß er sich nicht auf- und des Scheines wegen nachgibt, sondern den Mut und die Kraft hat, er selbst zu sein.*«

Mut und Kraft forderten Grob-Derbes ein. Etwa dann, wenn ein *Glumsnickel* (Königsberger) den Tag mit einem Blutgeschwür begann, mittags den *Regelgestank* glasweise kippte, abends eine *Speicherratte*, als Absacker den *Pregelgestank* zu sich nahm. Wenn ausgerechnet im nordischen Königsberg, der nach Kants Hauptwerk rein-vernünftigen Stadt, das Mannche aus der Ferkelgasse an der *Klopsakademie* (Haushaltsschule) vorbei zum *Blutgericht* (einem stimmungsvollen Weinlokal) ging, dort zwischen Fratzen und Frätzchen über zweifellos echten Marterkammern sitzend die absolute Tafelfreude *Fleck* bestellte. Wenn er gleich darauf einen Fetzen gekochte Mastochsen-Magenwand, mit Sellerieknollen, Pfefferkörnern, Petersilienwurzel, Salz, Essig und Mostrich abgeschmeckt und – *von nuscht kommt nuscht – forzig/*sofort am eigenartigen Geruch zu erkennen, vorgesetzt bekam. Wer am Pregel in langen Zechernächten *asig/*stark über die Stränge schlug, konnte im *Nasenquetscher* der Polizei zur Ausnüchterungszelle *Nummer Sicher* in der Junkerstraße gekarrt werden, um dort den Rest der Nacht zu verbringen.

Neidenburgs Geschichtsschreiber Ferdinand Gregorovius entdeckte in der bildhaften, bei Gelegenheiten harten Sprache seines Stammes trotzdem

Altpreußische Mundart

De Ungaeadschkes. (Die Unterirdischen). Biem fröhere Kröga Hans önn Alexwange, de all sea lang dot ös, hadde seck de Ungaedsckes angewengt, äh Deppkes opp'e Heat te sette onn an sienem Fia te kaåke. De Knechts onn de Mägd maåkte seck aåwa den Spaåß, utgekemmde Haa ön't Fia te schmiete, onn wilt de ohl Hans sea väll Gesing höl, kunne de Ungaedschkes kein Bößke runga schlucke, ohne een Haa dabönn te finge. See beschweade seck äwa solk Uontuacht onn batte see awtestelle, doach ömmsöst. Teletzt tog's aw, bunge (banden) aåwa noach teväre (zuvor) dem Kröga sien beid beste Pead mött de Zägel tehob (zusammen) onn hunge see äwa eene Balke ömm Stall so opp, datt von jeda Sied eent bommeld. De Kröga mag schlaggsche Oge gemaåcht hebbe, als he obwaåcht.

den weichen Kern. Hermann Sudermann, der seiner Heimat tief verbundene Erzähler aus Matziken (»Miks Bumbullis«, »Die Reise nach Tilsit«) memoriert: »*Hier in Heydekrug war es, wo ich mein ostpreußisches Herz entdeckte! Man saß abends beisammen am Kneiptisch ... und wie die Leute so sprachen – nicht gerade tief, nicht geistvoll, aber eindringend, natürlich, klug und verständig – da fühlte ich deutlich: Donnerwetter, zu diesen Leuten gehörst du ja, du hast ja die ganze Zeit als Fremder zugebracht.*«

Von Siegfried Lenz (»Es waren Habichte in der Luft«, »Deutschstunde«) wissen wir, daß sich die Menschen im heimatlichen Masuren am liebsten über uralte Neuigkeiten unterhielten. Soll heißen, daß sie von der Schafschur und vom Torfstechen, vom Vollmond und seinem Einfluß auf die neuen Kartoffeln (*Toffle* oder Schucke) sprachen, vom Borkenkäfer. Natürlich auch von der Liebe, wie sie überall Thema ist.

Robert Budzinski aus Klein-Schläfken (»Kuri-neru«, »Entdeckung Ostpreußens«), der als heiter-ironischer Zeichner einen Blick dafür hatte, verspürte im Osten gar nichts, was im Westen Grund zum Auffallen gewesen wäre: »*Der Ostpreuße ähnelt äußerlich den Kulturmenschen. Durchschnittliche Größe 1,65 m. Behaarung wie üblich, bei den Männern in verschiedenen Lebensaltern verschieden gefärbt, bei den Frauen je nach der Mode. Augen und Bauch öfters ausdrucksvoll ... Kinder sehr zahlreich, der größere Teil der Bevölkerung besteht aus ihnen, namentlich in politischer Beziehung.*« Lübecks Thomas Mann, mit Sommersitz in Nidden *(»Alles ist weglos, nur Sand, Sand und Himmel«)*, stellte den Menschen über der Weichsel summarisch in die recht begabte Ecke. Dort ist es dann auch, wo sie sich selbst am allerliebsten sehen. Wobei man es altpreußisch-bescheiden belassen könnte.

Der Abstand, den das Rest- oder Altreich genommen hatte, kam trotzdem nicht von ungefähr, war weniger Ignoranz als eine Reflektion auf Geographie, regionaltypische Eigenheiten, den Auf- und Abwind der Geschichte. Der Landstrich zwischen dem Kurischen Haff, dem Mündungsdelta der Weichsel und den Masurischen Seen lag an der Peripherie der abendländischen Kultur, war somit nicht das Ende der Welt, doch der eine oder andere tat so, als hätte er es von hier aus gesehen.

Ostpreußen war nicht unbedingt ein Land der Liebe auf den ersten Blick. Bestand die Eigenart der deutschen Kulturlandschaft doch auch darin, daß hier keine Römerstädte wie an Rhein oder Donau, keine Kaiserpfalzen, Königsburgen und Klöster wie in Aachen, Fulda oder St. Gallen standen. Daß seine etwas spröde, verschwiegene Schönheit, Deutschlands ursprünglichste Natur mit Deutschlands ursprünglichstem Wild, entdeckt werden mußten. Ortsnamen wie Budszedsen, Pschintschiskowsken oder Tammau-Tammowischken (Schilleningken, Gerwischkehmen, Schuddledimmen) setzten Zungenfertigkeit voraus. Mit Sprachlichem wie: »*De Sens' öß good, de Steen öß good, de Mäkes sön tom Spaße good*« oder »*De dömst Lait hae de schönste Schucke*« war im Westen wenig anzufangen. Genau wie mit Kleidungsstücken, die *Krullhaube* (Elbing), Klutz (Natangen), Brostlapp (Marienburg), *Warkeldatz* oder *Schuamötz* (Ermland) heißen konnten.

Das Preußenvolk sollte es nicht weiter kümmern, den kleinen Mann störte es nicht. Als in Wien der Kongreß tanzte oder der Korridor zwischen den großen Kriegen für Unruhe sorgte, führten sie am Pregel mit Goethes Götz von Berlichingen ihr beliebtestes Bühnenstück auf. Der eine oder andere jubelte dagegen an, wie Erich Hannighofer im »Land der dunklen Wälder und kristall'nen Seen *(... über weite Felder/lichte Wunder geh'n«)*. Friedrich Dewischeit bekennt im Land-und-Leute-Lied »Wild flutet der See ... Tal, Hügel und Hain, möcht' immer da sein«. Die bei Tilsit geborene Bäuerin Johan-

Plattdeutscher Text aus Kissitten und Damerau

Eck jing enne Gade Leiwnd bleke,
Eck docht, eck wear vrborje;
Da kem mien allerleefter Schatz
On bott mi en gode Morje.

Gode Morje bott e mi,
Eck docht, eck wull mi nich danke
»Ach, ach, mien allerschönster Schatz,
Wat fearschtu ver Gedanke?«

»De Gedanke, de eck fear,
De kann eck di woll segge.«
»Du mien allerschönster Schatz,
Du warscht mi nich krieje.«

Ostpreußenlied

von Erich Hannighofer
Ton von Herbert Brust

Land der dunklen Wälder
Und kristall'nen Seen,
Über weite Felder
Lichte Wunder geh'n.

Starke Bauern schreiten
Hinter Pferd und Pflug
Über Ackerbreiten
Streicht der Vogelzug.

Und die Meere rauschen
den Choral der Zeit,
Eichen steh'n und lauschen
In die Ewigkeit.

Tag hat angefangen
Über Haff und Moor,
Licht ist aufgegangen,
Steigt im Ost' empor.

na Ambrosius deckelt dem zutiefst pessimistischen »Sie sagen all' du bist nicht schön« des Ostpreußenlieds ein optimistisches »*Ostpreußen hoch! Mein Heimatland,/wie bist du wunderschön*« auf. Ernst Wiechert nennt Wälder, »*in denen der liebe Gott spazierengeht und seine Fußspuren leuchten*«.

Des Reiches Eckstellung war ein Land der strengen Winter und langen Nächte, der Schneefelder, Wölfe, Schlitten, wofür es Spötter – »*Ein Ostpreuße von rechter Art/Trägt seinen Pelz bis Himmelfahrt,/Und wenn wir schreiben Sankt Johann,/So zieht er ihn schon wieder an!*« – gerne in die Nähe Sibiriens rückten. Es waren Mazurka tanzende Masuren, das rollende R der »ostischen Heimat« und so Exotisches wie Johann Thienemanns Preußische Wüste: »*Wüste – Düne – Ruhe – Verlassenheit – Tod – diese Begriffe bringt man hier gewöhnlich zusammen und mit Recht. Alles Leben scheint erstorben. Keine Menschenseele weit und breit, kein Weg, kein Steg, nur Sand und Sonne ... nur Sand und immer wieder Sand.*« Des Ostlands Ruf komplizierte, daß Schillinge, Dreigröscher, Dritteltaler, dann auch Dittchen hier nie auf der Straße lagen. Der eine oder andere, der aus dem Westen hierher strafversetzt wurde, kam nicht freiwillig, dann auch so reagierte. Ostpreußen somit nicht nur Wiege, sondern auch Stiefkind der Nation? Von wegen.

Altpreußens Glanz und Gloria, der germanisch-deutsche Traum am weiten, weißen Ostseestrand ... wer einmal hier war, würde es so schnell nicht vergessen. Gotteshäuser in Heils- oder Königsberg, Portale und Türme in Braunsberg oder Allenstein, die festen Häuser des Ordo Teutonicus, Kirchen und Bollwerke zugleich. Frauenburg am Frischen Haff mit der Erinnerung an die kopernikanische Wende, Tilsit, das ein Frieden und ein Käse exponierte. Wehlau mit dem größten Pferdemarkt (dazu den meisten Roßtäuschern) des Kontinents, Schirwindt, das vom Handel und Schmuggel lebte,

allerdings auch als erste Stadt des Reiches die Sonne aufgehen sah.

Die kaiserlich bejagte Rominter Heide, in der Willem Zwo den Rothirsch hetzte, Trakehnen, dessen Zuchten das Brandzeichen der siebenendigen Elchschaufel renommierte, Masurens waldreiches Moränengebiet. Braunrote Mauern über grünem Land, der mondäne Charme der Ostseebäder und versponnene Zauber der Nehrungslandschaft, den Wilhelm von Humboldt für so merkwürdig hielt, »*daß man die Nehrung eigentlich ebensogut wie Spanien und Italien gesehen haben muß, wenn einem nicht ein wunderbares Bild in der Seele fehlen soll*«. Volksgut wie ein Schifferstechen auf dem Pregel oder die Sonnwendfeier im alten Prussengau Natangen. Eissegeln auf dem Spirdingsee, lange Wurst und große Striezel, die Einkehr im Hôtel de Magdebourg, Marienwerder, oder in Memels Hôtel de Russie. Um zum Höhepunkt zu kommen, das Ordensschloß Marienburg am rechten Nogatufer, Wahrzeichen des deutschen Zugs nach Osten. Dazu das Schlacht- und Gräberfeld von Tannenberg, wo mit der Niederlage des deutschen Heerhaufens der Zug ein vorzeitiges Ende fand.

Als wäre es nicht schon genug, dazu die Erinnerung an Preußens Helden auf Schritt und Tritt. Gestalten der Ostbewegung wie Henning von Schidekop, Agnes Miegels »*Bauernstirn und roter Schopf,/das ist der Marschall Schindekopf*« oder der legendenumwobene Schustergeselle Hans von Sagan. Zeugen großer Ereignisse und Umwälzungen wie der alte Boyen, der alte Yorck, der alte Arndt oder der alte Lehwaldt (der im Schlachtgetümmel von Groß-Jägersdorf tatsächlich alt aussah). Wie der schiefe, dann auch der alte Fritz, den die Preußen den Großen nennen.

Preußens Osten war das deutsche, prussische, kurische, litauische und polnische Wesen, ein aus vielen Ländern verschmolzenes Ethnikum ... was zur Frage berechtigt: Typische Ostpreußen, gibt/gab es sie denn überhaupt? Wenn ja, was machte Marjell-chen, Madamchen, Mannchen, Adel und Unedel, Bäuerin oder Bauer dazu? Was unterschied Menschen, in ihrer Zusammensetzung so etwas wie eine Liebhaberausgabe der deutschen Stämme, ja halb Europas, vom Bürger »im Reich«? War der typische Ostpreuße tatsächlich am Äußeren (groß), am Inneren (weich), an der Sprache (grob), an seinem Volkslied, alten und neuen Volkswitz, seinen Märchen, Schnurren und Schwänken oder eben überhaupt nicht zu erkennen?

Bruzi, Brus, Pruteni, Borussi, Prusai oder eben Prussen – mit ihnen muß man beginnen, ohne sie gäbe es den Landes- und Familiennamen nicht – lebten hier seit urdenklichen Tagen. Ein Bauern- und Jägervolk, wie Letten und Litauer Teil der baltischen Völkerfamilie, das geschichtliche Beziehungen zu seetüchtigen Wikingern und völkerwandernden Goten pflegte. Diese Urpreußen waren arbeitsam, konfliktfreudig und gastfreundlich. Sie bauten Burgen mit Ringwall an Orten, die häufig auf -nicken, -appen oder -itten enden, bevorzugten jedoch ein Leben auf dem *campus* (Feld). Sie feierten heidnisch-fröhliche Feste, sprachen Met und gegorener Stutenmilch zu, versahen prominente Tote mit Menschen, Pferden und Waffen als Grabbeilagen, boten ihre Frauen und Jungfrauen (pruss. *merga* wie später in *trautstes Marjellchen*) feil und töteten überzählige weibliche Babys, wie es christlichen Empfindlichkeiten widerspricht. Schiffbrüchige, die an Land spülten, konnten trotzdem auf Hilfe hoffen, wenn ein Prusse »milai ginnis kails« sagte, meinte er »Seid gegrüßt, liebe Freunde«. Wenn er entschieden anders reagierte ... den frommen Adalbert von Prag, der in katholisch-mittelalterlichen Tagen in Begleitung seines Halbbruders Gaudentius von Gnesen ins Samland vorstieß, haben sie kurzerhand erschlagen.

Wer einen Prussen gesehen hatte und mit heiler Haut davongekommen war, beschrieb ihn als groß, blond, blauäugig und etwas grob, eben »prussisch« (ein Schelm, wer jetzt schon an Preußen denkt). Geradezu saugrob konnte er werden, wenn ihm einer aus der Nachbarschaft, mit der er den Kleinkrieg pflegte, ins Handwerk pfuschen wollte.

Dem Baltenvolk zum Schicksal wurde, daß es anstelle eines Gottes gleich mehreren Gottheiten huldigte. War es doch ihr Glaube an Perkunis, Deivas oder Pikollos, Lytuwomis oder Curche, der im Hochmittelalter einen recht heidnischen Keil zwischen die Heilsbringer des Reiches, getaufte Polen und Russen schob. Verheerend für die tapferen Landessöhne, daß sie nicht wissen konnten, wie schnell Deutsche sein können, daß sie, als es darauf ankam, viel zu langsam reagierten. Absolut keinen Einfluß hatten sie darauf, daß im christlich-weltlichen Abendland die Burgen zu eng geworden waren. Daß Ritter und Reisige arbeitslos herumsaßen, verzweifelt nach Aufgaben suchend, um mit Schwert, Kreuz und Maurerkelle (Goldgulden, Peterspfennig und Kreuzzugszehntem) Propaganda für Gott zu machen.

Ohne die politische Absicht neben der Mission zu übersehen, ist es ein um christlichen Schutz und Schirm gegen *die heidnische, höchst unbändige Nation* der Prussen verlegener polnischer Teilgebietsfürst, der dem Deutschen Ritterorden entgegenkommt. Der Zuspruch zur Ausbreitung von Christentum und abendländischer Kultur, Kernstücke der strategischen Ostöffnung, kommt von ganz, ganz oben. Für die Sache der Ritter sprechen der Segen des Papstes und der Freibrief »seßhaft in das Prussenland einzudringen, und es zu Ehre und Ruhm des wahren Gottes in Besitz zu nehmen« des Kaisers.

Die Muttergottes als Schutzpatronin (die Lokalheilige Dorothea von Montau, Tochter eines aus Holland eingewanderten Bauern, bleibt vorerst noch im Hintergrund), Papst und Kaiser als die beiden »Weltmächte« der Zeit, ein

Lied der Kulmer

Das ist des deutschen Siedlers Art,
durch die der Sumpf zu Segen ward,
Brache zu Acker, Lehm zu Dom
und Urgewalt zu Segenstrom
zu leiten, was vom Weg geirrt,
der Seinen und der Herden Hirt,
ein Freier unter Seinesgleichen!

Zu wahren beide Arm und Reich,
der Sippe Zucht, des Stromes Deich.
Denn wer nicht will deichen,
der soll weichen!
Doch brausen Krieg und Flut heran,
jedermanns Knecht sei jedermann.

Agnes Miegel

Pole als Toröffner zum Außerchristlichen hin ... der Ordenschronist Peter von Dusburg konnte nicht anders, als es zum Ausfluß göttlichen Willens zu bündeln. Wenn aus der ursprünglich kaiserlich-päpstlichen Kreuzzugsidee mit übernationalen Vorzeichen ein Kreuzzug mit eher deutschem Charakter wird, läßt es sich mit dem Reichs- und Kaisergedanken Karls des Großen zumindest erklären.

Die Ordensritter in der Rechenschaft der Mönche geben Gott, was Gottes, dem Kaiser, was des Kaisers ist, achten jedoch darauf, daß sie selbst nicht zu kurz kommen. Sie kämpfen »*mit dem dreifachen Stolze des Christen, des Ritters, des Deutschen*« (der Preußen-Historiker Heinrich von Treitschke), machen den Boden über der Weichsel zum *Neuen Land der Mutter des Herrn* (Marienland). Klösterliche Strenge und martialischer Geist: Wilhelm II. sollte den Ritter mit dem schwarzen Kreuz auf weißem Mantel und den effizienten, theokratischen Ordensstaat dafür zur *Blüte deutscher Leistungsfähigkeit* hochloben. Polnische und russische Geschichtsschreiber sehen Schwertmission und mittelalterlichen Landausbau dagegen ganz anders, im priestlich-ritterlichen Familienverband das Konglomorat von Raubrittern und Straßenräubern. Polens Nobelpreisträger Henryk Sienkiewicz (»Quo Vadis?«) putzt die Christenmenschen im Roman »Die Kreuzritter« gar als ausgemachte Dunkelmänner herunter.

Mit (Lang)Schwert (Streitaxt, -kolben, Lanze, Armbrust) den Glauben zu verbreiten, entsprach Gepflogenheiten, die das »*wie im finsteren Mittelalter*« zum Geflügelwort macht und in den Sprachschatz einreiht. Für den Tilsiter Schriftsteller Johannes Bobrowski (»Sarmatische Zeit«, »Levins Mühle«), der beste deutsche Lyrik schrieb, war alles »*eine lange Geschichte aus Unglück und Verschuldung, die meinem Volk zu Buche steht. Wohl nicht zu tilgen und zu sühnen, aber eine Hoffnung wert und einen redlichen Versuch in deutschen Gedichten*«. Würde auf dem zukünftigen Verhältnis zwischen Deutschen und ihren östlichen Nachbarn doch lasten, daß der Orden im freien Spiel der Kräfte nicht nur heidnische Prussen niederkämpfte, sondern sich expansionsorientiert auch mit christlichen Polen, Litauern und Deutschen anlegte. Die waren über die Art der Eroberer alles andere als erfreut.

Der Orden, verherrlicht dann oder dämonisiert, auf jeden Fall Gefühle mobilisierend, der Kultivierungsweg des klassischen Ordensstaates: Die Arroganz der historischen Distanz mag dazu verleiten, Geschichte aus der historischen Dimension zu rücken.

Ordensritter und Gefolge, im Gegensatz zum Mutterland mit seinen Fehden weltliche und geistliche Macht zugleich, unterhalten das bestverwaltete Staatswesen des Mittelalters, in dem ihre irdischen Ordnungen und kirchlich-mönchischen Formen wurzeln. Tüchtige Kolonisatoren und intelligente, hin und wieder selbst modern agierende Organisatoren, gelingt ihnen der Ausgleich des Kulturgefälles zwischen Ost und West. Ihre Städte (darunter Danzig, Königsberg, Elbing und Thorn) gehören der Hanse an, ihre Finanz- und Handelsmacht zählt zu den Keimzellen Preußens und damit des Deutschen Reiches.

Der Ritterclan baut Burgen, um das eroberte Land und die kirchliche Ordnung zu festigen. Bürger, Bauer und Handwerker aus dem volkreichen Reich peuplieren Flecken, Haken und Hufen, das Dorf und die Stadt, um Erobertes durch christliche Besiedlung und Kultivierung langfristig zu sichern. Den Grundstock dürften Niederdeutsche stellen, Mitteldeutsche im Ober- und Ermland, doch jeder deutsche Stamm, halb Europa ist dabei, so daß Agnes Miegel, selbst mit Vorfahren aus Preußen und Salzburg, aus dem Oderbruch, Elsaß und Rheinland, einmal zusammenfassen konnte: »*Sie kamen von Flandern, sie kamen vom Niederrhein/von den Hohen Tauern und aus*

Goder Roat

To rechter Tied de Händ jerährt,
to rechter Tied de Händ gefoaldt,
to rechter Tied dat Word jefährt,
to rechter Tied dat Mul jeholdt,
is goder Roat for Jung un Old

Erminia von Olfers-Batocki

der goldenen Au./Sie strömten, harrendes Land, in dich hinein/wie der Same des Mannes in den Schoß der Frau.«

In der Verschmelzung von Balten und Slawen mit einer deutschen Mehrheit, im historisch Gewordenen und organisch Gewachsenen, bildet sich der Neustamm der (Ost)Preußen. Es ist das Christentum, das zusammenführt, dann der gemeinsame Kampf gegen das eines Tages landfremd empfundene, überalterte Herrschaftssystem, das zusammenschweißt. Der Orden war als Avantgarde des Westens seiner Zeit voraus, lief ihr trotzdem hinterher. Als die Deutschherren an der Schwelle des Mittelalters zur Neuzeit im Kampf gegen Polen und Litauer unterliegen, zählt der deutsche Nachzug aus dem Reich zu ihren entschiedendsten Gegnern.

(Ost)Preußen ist kein einfaches Land, wofür Kriegszeiten, Verwüstungen, die Sterbensluft (Pest) oder der von See her eingeführte »Englische Schweiß« als regelmäßige Gäste sorgen. Die prussisch-deutsche Kernbevölkerung wird immer wieder dezimiert, wächst nie über sich hinaus. Um der Entvölkerung zu begegnen, ergehen Einladungen zur Nachkolonisation an Salzburger Glaubensflüchtlinge und französische Hugenotten, Holländer und Flamen. Dazu kommen, in Generationen gedacht, Masowier, Litauer, Polen, Ukrainer, Russen, Kaschuben, Slowinzen, Schweizer, Engländer, Schotten und Skandinavier. Schließlich auch Juden, per Gesetz 1812 zu »Einländern und preußischen Staatsbürgern« erklärt. In der Verankerung mit Brandenburg, Preußen und dem Deutschen Reich entwickelt sich ein Gemeinschaftsgefühl, wie es dem älterer, weit homogenerer Nationen entspricht. Es ist Preußens religiöse und nationale Toleranz, die die Ostmark zur Heimat der Europäer, zu Deutschlands multikultureller Landschaft macht.

Mit einem vielfältigen Menschenschlag korrespondieren zum Teil weit hergereiste Orts- und Familiennamen von Liebchensruh, Gottesgabe oder Rhein über Preußisch-Holland, Mednicken zu Szirgupöhnen und Rydzewen. Die Hoverbecks stammen aus dem Flandrischen, die Rohrmosers, Schlamingers oder Mittelsteiners aus dem Salzburger Land, die Gubbas aus der französischen Schweiz, die Jonischkies und Waschkies aus Litauen, die Maletzkis aus Masowien. Die Schekahns, Blodes oder Gulbis kommen von der Kurischen Nehrung, Guillaume steht für hugenottische, Wiebe und Classen für mennonitische, Jacoby und Warschauer für jüdische Zuwanderer. Dazu bekannte Geschlechter im auserlesenen Herrenkreis wie Keyserling, Dohna, Auerswald, Trotha, Scharnhorst, Trenck, Platen, Manteuffel, Schimmelpfennig von der Oye, Schrötter von Stutterheim oder Fink von Finkenstein.

Dem Nachzügler unter den deutschen Stämmen, seiner Rolle als Mittler der Kulturen, entspricht der Dialektwirrwarr zwischen Neidenburg und Memel, über 500 Jahre Preußens nordöstlichste Stadt. Hier schwadronierte, plachanderte man auf gut preußisch, worunter die einen Nordermländisch, Tilsit-Insterburger, Niederungsches oder Samländisch-Königsberger Platt verstanden, die anderen Natangisch-Bartisch, Braunsberger Nerlandisch, Käslauisch, Hochpreußisch, Deutsch-Masurisch, Christburg-Mohrungisch, Wormditt-Heilsberger oder Mitteldeutsch/Breslauisch. Natürlich wurde auch Polnisch und Litauisch gesprochen, dazu Französisch oder zumindest das, was man – Buddel, Bagasch, Lameng, Eklipasch – dafür hielt.

Deutschlands Osten war die längste Zeit fester Bestandteil des historischen hansisch-baltischen Raums, kein deutscher Vorposten in feindlich gesinnter Welt. Aus der deutsch-polnischen Begegnung mußte keine Erbfeindschaft entstehen, der Anteil von Polen und Deutschen, die in den Grenzen des alten Ordenslandes je nach Loyalität und Interesse die jeweils andere Nationalität

Ermländische Heimatkunde

Kinga, Kinga, komm hie heere!
Öch, öch, waa aich Noames lehre
Vanne ermlöngsch Derfa, Kinga!
Was die heeße, weeß da Schinga!
On nu, wacka offjepaßt,
Daß a keene nich vajaßt!
Flemj, Berdauke, Derz on Knope,
Lawde, Plaute, Polpe, Ope,
Glott on Öls on Queetz on Krok,
Rams on Wieps, Battron on Lok,
Klaitz on Retsch on Kobele, Kiefte,
Mawere, Mädje, Schwuge, Diefte,
Benere, Wormditt, Stebunke, Schlitt,
Gaarsche, Aal on Nai, Lekitt,
Markaim, Piestkaim, Workaim,
Laune, Bäwascht-, Nöddaschtt-Kapkom, Raune, Thaichste, Deppe on
Kerwiene, Schaistere, Pupkaim,
Pöß, Stenkiene ...
Taichat Welt, wie öch ma frai,
Daß ich ooch aus Pupkaim sai.
Man nu waita: Plutke, Kitte,
Jadde, Schelle on Werjitte,
Termlack, Tolak, Wuslack, Prohle,
Giaarthe, Bewanick, Makohle,
Tolnigk, Polkaim, Doamerau,
Kolm, Kaschaune, Pöttelkau,
Schaarnögk on Schoornigk,
Komaainge, Warlack, Wolka on
Klottainge, Drewöngtz, Kersche,
Pratte, Schwede, Wienke, Wuse on
Wossede, Boasje on Prowange,
Wangst ...
Man öch dönk, nu ös jenuck.
Öch hoa Angst,
Eea waat ma sust ze kluck.

Arthur Hintz

annahmen, ist übergroß. Dem Erdbeweger und Sonnenhalter Kopernikus aus Thorns St. Annen-Gasse, der das ptolemäische Weltsystem aus den Angeln hob – der erste Gelehrte, der verkündete, der Augenschein trüge –, wäre jeder Streit um sein Volkstum fremd erschienen. Volkstümelndes Stammesdenken kommt erst im 19. Jahrhundert auf, nach Schuldstunden preußischer Großmachtpolitik.

Das historische Preußen war Ein-, immer aber auch Auswanderungsland. Auf den Hinterhof des Reiches, dessen wichtigster Wirtschaftszweig die Landwirtschaft blieb, drückten doch Abseitslage und die Armut an potentem Bürgertum. Als Preußens Westen im werdenden Industriezeitalter mit Arbeitsplätzen lockte – Katholiken wie Klöckner und Thyssen sahen sich unter Westpreußen (westlich der Weichsel), Protestanten wie Grillo und Kirdorf unter den meist evangelischen Ostpreußen (östlich der Weichsel) um –, machten sich Ururenkel der Ostlandfahrer fluchtartig davon. Bald würde die Hälfte aller Ostpreußen an Rhein, Ruhr oder Emscher wohnen, was die an Pissa, Alle oder Deime, in Großkakschen, Zappeln oder Zinschen Zurückgebliebenen dazu zwang, den Dauerverlust an Nachbarn durch Fruchtbarkeit auszugleichen. Eine Herausforderung für den Storch, der – jeder kennt die Geschichten – bevorzugt auf masurischen Dächern nistet.

Ist bei Sudermann nachzulesen, daß man die ostpreußische Heimat eigentlich nie recht loswerden konnte – *»und es ist gut, daß es so und nicht anders ist«* –, war es zurück im Reich dann nur selbstbewußten Naturen gegeben, den Ost- oder gar Westpreußen herauszuhängen. Folgerichtig so auch nur, daß es an Rhein oder Ruhr nur recht selten zu »Mischehen« kam. Der im Prinzip tief heimatverwurzelte Hauer aus Nikolaiken, der im Querschlag einer Ruhrpottzeche nach Kohle buddelte, der Stauer oder die ehemalige Fleckkocherin aus Königsberg, suchten sich

die Partner fürs Leben nicht im Revier, sondern holten sie sich *»bi ons to Hus«* im heimatlichen Bernsteinland ab. In Sensburg etwa oder Seehesten, Eydtkuhnen oder Bischofsburg. Natürlich zog man nicht nur an Rhein oder Ruhr. Elimar Walter Kollodzieyski aus Neidenburg, dem so bekannte Schlager wie »Mein geliebtes Schmackeduzchen«, »Kleine Mädchen müssen schlafen gehn« oder »Die Männer sind alles Verbrecher« eine riesige Fangemeinde schafften, lebte als Walter Kollo in der Hauptstadt Berlin.

Ostpreußen werden Eigenschaften zugeschrieben, die das Altreich, nachdem die Bezeichnung Preußen für den gesamten Hohenzollernstaat gilt, mit Preußentum umschreibt, das Ausland für spezifisch Deutsch hält. Pflichttreue zählen dazu, Achtung vor dem Recht, Disziplin und Loyalität, Kantsche Pflichtbegriffe wie Sparsamkeit, Ordnungssinn, Toleranz und die Bereitschaft, sich selbst nicht allzu wichtig zu nehmen.

Auch hier bestätigt die Ausnahme die Regel. Darunter jenes Tilsiter

Mannchen, das durch eine Hauptmannsuniform gedeckt eines Tages zwölf Grenadiere zusammenkommandierte, um die Köpenicker Stadtkasse zu requirieren. Tatsächlich krümmte sich einmal die halbe Welt vor Lachen, wenn das Gespräch auf Wilhelm Voigt, den »Hauptmann von Köpenick«, kam. Eine Schande für den preußisch-deutschen Osten. Den traurigen Beiton, die Untertänigkeit und Hilflosigkeit gegenüber Uniform und Bürokratie, verstanden nur die selbst davon Betroffenen.

Jahrhunderte sprechen im Nachruf dafür, daß Ostpreußen kein Land war, in dem ein bestimmter Stamm dominierte, sondern – bei Hans Hellmut Kirst aus Osterode nachzulesen – eher ein Land der Stammtische, wie sie im Gumbinner »Kaiserhof«, in Braunsbergs »Schwarzem Adler«, Labiaus »Deutschem Haus« oder in »Gehrmanns Restaurant« in Lyck standen. Gerade dort, bei einem Tulpche Kinderhöfer oder Ostmark-Bier, einem feinwürzigen Goldwasser oder Bärenfang, bewies der Ostpreuße seinen Sinn für das Aufgeschlossene, Gemeinsame, den Brückenschlag ... fürs Ostpreußisch-Familiäre.

Deutsche bildeten die Bevölkerungsmehrheit, Stammpreußen, zugewanderte Litauer und Masuren fühlten sich dem preußischen Staatsverband und deutschen Kulturbereich verbunden. In den Städten überwog das deutsche Element, auf dem Land hatten sich Zweisprachigkeit und spezifische Traditionen zum Teil erhalten, ohne dem deutschen Selbstverständnis im Wege zu stehen. Ostpreußens Kultur war seit den Tagen des Ordens deutsch geprägt, die Gestalter seines Geisteslebens meist Deutsche. Von hier kam im kümmerlich-materiellen Zeitalter des *Ancien régime* Kants freie Weltauffassung als Schöpfung einer geistigen wie persönlichen Haltung. Im Mohrunger Herder hatte der völkerverbindende humanistische Gedanke einen seiner profiliertesten Vertreter.

Ostpreußens Untergang beginnt mit dem Trauma von Versailles, das Deutschlands fernen Osten zur Insel, den kalten zur Fortsetzung des heißen Krieges machte. Hatte Hoffmann von Fallersleben noch ein geographisch etwas ungenaues »von der Maas bis an die Memel« gesungen, endete das Land in seiner Nachkriegslage im Osten tatsächlich am Memelstrom, im Westen an einem Korridor. Tage der Tristesse, in denen Agnes Miegels Ruf aus der räumlich beschnittenen Heimat kommt: »*O blinde Mutter, der dies Land gehört, als Lehn und Eigen, sieh das arme Land ist wie ein Herz von Zorn und Angst verstört. Wieg es zu Ruh in Deiner sanften Hand.*«

Stammesbewußtsein dann, Grenzlandgefühl: Noch einmal votieren jene Ost- und Westpreußen, die danach gefragt werden, für ihre deutsche Welt. Das Land über der Weichsel erholt sich langsam, beginnt mit Hilfe von Patenschaften und Hilfsprogrammen den Wiederaufbau. Charlottenburg solidarisiert sich mit Soldau, Kassel mit Stallupönen und Mannheim mit Memel, Lübeck hilft Heydekrug, Köln Neidenburg. Doch der Untergang alter Machteliten hatte den Aufstieg totalitärer Regime in Ost und West gefördert. Mit dem »Machtwechsel« werden die Ostkolonisation in spätheidnischer Zeit und preußische Tugenden noch einmal kräftig glorifiziert, dann auch korrumpiert. Eine »Germanisierung« der Ortsbezeichnungen macht Pillkallen (wie in »*Es trinkt der Mensch, es säuft das Pferd – in Pillkallen ist es umgekehrt*«) zu Schloßberg, ist mit Namen wie Przysowa, Jedwadno oder Rekownitza doch kein (deutscher) Staat mehr zu machen. Bildungszentren der Jugend wachsen zu »Ordensburgen« des 20. Jahrhunderts heran. Deutschlands verinselter Osten wird zur nationalen Leidenschaft. Ritter-Metaphern und ostpolitischer Akzent dienen dem Wunsch nach Revanche und Revision.

Als scharf geschossen wird, dienen die Glocken der Kirchspiele anstatt

Tanzverse
aus dem Kreis Pillkallen

Dat mine Fru nich danze kann,
Dat moakt dat loahme Been,
Denn teh eck mi Paretzkes an
On danze ganz alleen.

Oder:

Lott is dod, Lott is dod,
Lise licht em Starwe,
Dat is god, dat is god,
War wi ook wat arwe.

Ostervers
aus Pillkallen

Schmackoster, bunt Oster,
Dree Eier, Stück Speck,
Stück Floade, Glas Bramwin,
Denn goh eck glik weg.

Die Marienburg. Ab 1274 am Nogatufer errichtet und nach der Patronin des Deutschen Ordens benannt, wird die Burg Sitz der Ordensregierung, ihr Haupthaus und Waffenplatz.

dem christlichen Ruf der Produktion von Kriegsmaterial. Den Grabnickern hatte der Glockengießer einst *»Si deus pro nobis, quis contra nos«* aufs klingende Metall geschrieben: Wenn Gott für uns ist, wer kann gegen uns sein?

Von dünenbewehrter Nehrung weht der Geist August von Kotzebues herüber. Der hatte als Generalkonsul des Zaren am Pregel beim historischen Sandkrug die Worte zum »Gesellschaftslied« gefunden: *»Es kann schon nicht alles so bleiben/ Hier unter dem wechselnden Mond;/ Es blüht eine Zeit und verwelket/ Was mit uns die Erde bewohnt.«*

Mit der totalsten aller Niederlagen wird der Landstrich, um den es hier geht, nach sechs-, siebenhundert Jahren mit der deutschen Kulturnation zum »wiedergewonnenen Gebiet«, zur Vergangenheit Polens und der Sowjetunion. Das Ende der einen steht am Anfang der anderen, das neue Ostpreußen setzt sich grundlegend vom alten ab. Über der vom Pregolja (Pregel) umspülten todwunden Stadt Kaliningrad (Königsberg) wehen Hammer und Sichel, über Marlbork (Marienburg) der weiße Adler Polens. Orte wie Bartoszyce (Bartenstein), Mamonowo (Heiligenbeil) oder Lidzbark-Warminski (Heilsberg) sind ethnisch entmischt, Nida (Nidden) gilt »als schönstes Dorf der Sowjetunion«. Die alte Ordenskirche von Heiligenwalde dient als Getreidesilo, die Reformierte Kirche von Insterburg als Turnhalle, das Gotteshaus von Rossitten wird von Fischern als Trockenplatz genutzt.

Unhistorische Vorstellungen, zutiefst schleuniges Vergessen: Auf dem Marktplatz von Gizycko (Lötzen) stellen sie neben die deutsche Abstimmungseiche von 1920 den Gedenkstein für Masurens »Kämpfer für das Polenrecht« (1920 hatten hier 29 349 Bürger für Deutschland, 10 für Polen gestimmt). Vor dem Tilsiter Rathaus muß das »Weiter, weiter mußt du dringen, du mein deutscher Freiheitsgruß« Max von Schenkendorfs einem »Vorwärts,

dem Kommunismus entgegen« weichen (mit dem gemeinsamen Kampf gegen Napoleon sind gerade Schenkendorfs Lieder untrennbar verbunden). In der Marienburg, dem großartigsten Profanbau der deutschen Gotik, bieten sie Hochmeisterpalast, Dansker und den Saal der sieben Säulen als Symbole der Zwangsherrschaft des germanischen Raubrittertums an.

Mit dem Zusammenbruch der Sowjetunion kommt Ostpreußens nördlicher Teil, jetzt russische Exklave, als autonome Republik für Rußlanddeutsche ins Gespräch. Der Bahnverkehr Berlin-Kaliningrad wird aufgenommen, am Pregel ein Deutsch-Russisches Haus als Stätte der Begegnung eröffnet, Geschichte, wo man es sich leisten kann, enttabuisiert.

Lorbaß, Auskrät, Lachudder, Süachheister, Labommel oder Dammelskopp? ... Unbeantwortet blieben Fragen wie »Sönd de Ostpreuße grob?« oder »Typische Ostpreußen, gibt/gab es sie überhaupt?«. Was ist es, das – als die historische Region Ostpreußen noch Ostpreußen war – Marjellchen, Mannchen und Madamchen (Lulatsch, Steppke, Paslak oder Bowke) vom Westpreußen, vom Bürger im Restreich absetzte/absetzt?

Robert Budzinski, einer, von dem wir einfach annehmen müssen, daß er es wußte, schreibt: *»Der Ostpreuße ist genügsam, klug, sozialdenkend, bescheiden, frech, verschwenderisch, dumm, einfach, bieder, unsozial, anmaßend, elend, unterdrückt, bildungshungrig, reif zum Untergang, faul, genußsüchtig, trunkenboldig, nüchtern, Sünder und einer der größten, rassig, ausdauernd, gutes Arbeitstier, erstklassiger Renner, in der Kruppe oft zu kräftig, ehrlich, bieder, treu, unehrlich, niemals zufrieden, Rindvieh verfluchtes, Mensch, Mensch, pfui Teufel, Prosit ...«*

Dabei sollte man es dann auch belassen.

Bernd G. Längin

Land der dunklen Wälder und kristall'nen Seen

»So war es Gottes Rat und Schluß, so war's des Schicksals Wille:/ Es zogen aus mit schwerem Fuß die Väter ernst und stille;/ Sie zogen in das Ostgrenzland,/ Nach Preußens fernen Marken,/ Zu bau'n das Land mit starker Hand,/ Mit Pflug und Eisenharken ...«

Am Anfang stehen einmal mehr die alten Germanen, die – wilde blaue Augen, malefizblondes Haar, groß, kräftig, regelmäßig gewachsen und von heller Hautfarbe – mit sicher ebenso alten Prussen den Ostraum zwischen der unteren Weichsel und der unteren Memel besiedeln. Noch um 100 n. Chr. macht Roms unverzichtbarer Tacitus in seiner »Germania« am rechten Gestade des *suebischen Meeres* die Stämme der Aestii (Ästen) und Goten aus, von denen er annimmt, daß sie hier gemeinsam Bernstein sammeln. Neuere Forschungen versuchen zu belegen, daß Prussen und Ästen die gleichen sind.

Goten errichten ihr stolzes Reich vom Meer zum Meer, Gepiden, Vandalen, Burgunder und Heruler folgen. Skandinavische Wikinger segeln die Küsten auf und ab um zu handeln, sich mit Einheimischen zu *kabbeln* (ostpr. für streiten) oder um deren Frauen zu nehmen. Eines Tages werden Siedlungsreste am Elbinger Stadtrand und ein Hügelgrab bei Wiskiauten am Kurischen Haff gefunden, zurückgelassene Hacken, Lanzenspitzen, Schmuckfragmente, Schwertknäufe und Schildbuckel an Vergangenes erinnern. Dazu Scherben am Ufer des Drausensees, eine Axt in Hansdorf, römische und arabische Münzen mit dem Hinweis, daß Urpreußen bereits emsige Handelsbeziehungen pflegten.

Dom, Kapitelschloß und Dansker in Marienwerder (von Südwesten gesehen). Ab 1234 über einer alten Prussenfeste angelegt – der Neubau von Dom und Schloß fällt ins 14. Jhdt. –, war das Feste Haus Marienwerder eine der ersten Ordensburgen des deutschen Ostens.

Nach den Wirren der Völkerwanderung sitzen Vandalenreste noch um Schlesiens Zobten, Goten an der Weichselmündung, die Masse der Germanen hat dem Raum von den Tiefebenen Ungarns und der Nordküste des Schwarzen Meeres bis hinauf zum Mare Balticum jedoch den Rücken gekehrt. In den altpreußischen Landschaften – Kulmerland, Pomesanien, Pogesanien, Sassen, Galinden, Schalauen, Samland, Nadrauen, Natangen, Sudauen, Barten und Ermland – zurückgeblieben sind West- und Ostprussen mit zahlreichen Unterstämmen. Ihnen schickt Polenfürst Boleslaw I., »der Tapfere«, im Jahre des Herrn 997 den asketisch-strengen Adalbert zum Christenmachen.

Der Prussenapostel, der eigentlich Vojtech hieß und zuletzt vergeblich versucht hatte, sich als Prager Erzbischof durchzusetzen, findet im Prussenland den Märtyrertod. Als Kulisse für das unchristliche Zeremoniell könnte der Raum Tenkitten-Fischhausen am Frischen Haff, allerdings auch das prussisch-wikingische Truso im

Elbinger Raum hergehalten haben. Adalberts heilige Gebeine werden den Prussen abgehandelt und in Gnesen bestattet, dort von Böhmenherzog Bretislaw nach Prag entführt, wo sie seither im Veitsdom ruhen. Leben und Tod des Adalbert arbeitet der um religiöse Themen und Tragödienstoff bemühte Königsberger Zacharias Werner zu seiner Zeit im »Kreuz an der Ostsee« auf.

Wie Adalbert ergeht es Brun von Querfurt, Hofkaplan Ottos III. und Verfasser von Heiligenviten. In Merseburg zum *Erzbischof für die Heiden* geweiht, machen diese auch mit ihm relativ kurzen Prozeß. Heidnischer Praktiken überdrüssig, dringt Boleslaw ins Prussenland ein, wo er ein paar Göttersitze zerstört und den jährlichen Tribut erzwingt. Im Automatismus von Schlag und Gegenschlag vernichten Prussen in den Wäldern des Kulmerlandes (die historische Landschaft um Graudenz und Thorn am rechten Weichselufer) ein polnischen Heer.

Gott und immer wieder Gott, eine Zukunft mit Vergangenheit: Der von

Hochmeisterpalast und Hochschloß der Marienburg. Das Haupthaus des Ordens, Wahrzeichen des deutschen Zugs nach Osten, gilt als großartigster Profanbau der deutschen Gotik.

Weichselniederung bei Marienwerder. Mit dem Schwert den Glauben zu verbreiten, entspricht einer Zeit, die das »finstere Mittelalter« zum geflügelten Wort im deutschen Sprachschatz macht.

Konrad, Herzog von Masowien und Kujawien, um 1200 unterstützte Versuch, die blonden Heiden zu bekehren, scheitert.

Kaum erfolgreicher ist der von Rom zum selbständigen Bischof des Prussenlandes ernannte Pommer Christian aus dem Kloster Oliva. Papst Honorius III., der die Herausforderung erkennt, ruft alle, die zu schwach oder nur zu arm für den Kreuzzug nach Jerusalem sind, zum Kampf gegen die »tierisch wilden Prussen« auf. Werkzeugen göttlichen Waltens, Glaubenspredigern und Almosensammlern wird der himmlische Ablaß weltlicher Sünden erteilt. Christian, dem Gelübde des ständigen Heidenkampfs verpflichtet, gründet den geistlichen »Orden der Brüder vom Ritterdienste Christi in Preußen« (Orden von Dobrin), Herzog Konrad von Masowien und Kujawien, ruft den Deutschen Orden ins Land ...

Geschichte hat Vorgeschichte, sie kommt ohne diese nicht aus: Gegen Ende des 12. Jhdt. haben Westeuropas

Ritter – darunter gekrönte Häupter wie Kaiser Friedrich (Barbarossa) und Richard Löwenherz – das Kreuz genommen, um dem falschgläubigen Sultan Saladin die Heiligen Städten zu entreißen. Dem Auftakt fehlt der Segen: Kaiser Rotbart Lobesam ertrinkt beim Baden im Saleph, Löwenherz landet im Kerker der Burgfeste Trifels in der Pfalz. Ohne die Entwicklung hier kontinuierlich weiterzuführen ... im Umfeld des 3. Kreuzzugs war es unter dem Segeltuch einer Hanse-Kogge vor Akkons Hafenmauer zur Einrichtung eines Feldlazaretts (Hospitals) gekommen. Das Projekt wird von Kaufleuten norddeutscher Hansestädte gefördert, zur Behandlung verwundeter oder von Seuchen niedergestreckter Kriegsleute hat sich der Ordo Hospitalis Sanctae Mariae Theutonicorum in Jerusalem *»reinen Herzens die Pflichten der Menschlichkeit erfüllend«* verpflichtet. Die Spitalbruderschaft versteht sich als Hospitalorden. Um die schützende Bulle von Papst Clemens III. ist Barbarossas Sohn, Friedrich von Schwaben, bemüht.

1198 n. Chr. erheben Prominente des Pilgerheeres die Spitalbruderschaft zum geistlichen Orden der Brüder vom Deutschen Haus St. Mariens in Jerusalem, kurz Ordo Teutonicus, Deutscher (Ritter)Orden, Deutschorden, eines ferneren Tages auch Deutschherren genannt. Die karitativen Regeln (nicht kämpfender Ordensmitglieder) entsprechen dem Vorbild der Johanniter, für das ritterliche Kriegshandwerk übernimmt ein von Papst Innozenz III. bestätigtes Statut die Vorstellungen der Templer. Als Ordenskleid dient der weiße Mantel mit dem aufgenähten schwarzen Kreuz.

Auf Arbeitssuche landet der Ordo Teutonicus, von Gönnern und Großen (Familiaren) gestützt, im strategisch wichtigen siebenbürgischen Burzenland, im Nachhinein der Probelauf für kommende weltgeschichtliche Rollen. Die Ritter schlagen sich mit heidnischen Kumanen und entwickeln ein durchdachtes Kolonisationskonzept, werden jedoch des Landes verwiesen, als sie sich neben Heiden auch mit einem christlichen Fürsten anlegen. Ein historischer Zufall macht Konrad, den Masowier, zu ihrem nächsten Auftraggeber. Aus Schaden klug geworden, läßt sich der Orden – die Grundlage für den unabhängigen Ordensstaat – jetzt den Preis für die Prussenmission im voraus garantieren.

Der Stuhl Petri verspricht den nach Schwert oder Lanze greifenden Christenmenschen kirchliche Vergünstigungen, wie sie jenen in Palästina entsprechen. Der Staufer Friedrich II. erteilt mit der »Goldbulle von Rimini« die Erlaubnis, alles Land, das der Orden im Kampf zur Heidenbekehrung erobern kann, in Besitz zu nehmen und mit reichsfürstlicher Machtvollkommenheit (Markt-, Zoll-, Münzrecht etc.) zu regieren.

Im kaiserlichen Hauptprivileg zur Heidenmission heißt es dazu: »*Gott hat unser Kaisertum über die Könige des Erdkreises gesetzt und die Grenzen unserer Herrschaft über die Erde hin verbreitet, damit wir unser Sinnen und Trachten auf die Verherrlichung Seines*

Siegel Konrads von Thüringen, als Hochmeister (1239/30) Nachfolger Hermann von Salzas.

Das Rathaus von Deutsch-Eylau. Vom Orden am Ausfluß der Eilenz aus dem Geserichsee über einer alten Prussensiedlung angelegt, bereits 1305 als gewerbliches Zentrum genannt, entwickelt sich die Stadt zu einem bedeutenden Verkehrsknotenpunkt.

Namens und die Förderung des Glaubens unter den Völkern richten, wie Er ja auch das Heilige Römische Reich zur Verkündung des Evangeliums, und zwar nicht so sehr zur Unterdrückung als vielmehr zur Bekehrung der Heidenvölker, bestimmt hat. So öffnen auch wir unser Herz der Gnade der Vorsehung, kraft welcher christliche Männer ihr Tagwerk unter Einsatz von Gut und Blut der Unterwerfung ungläubiger Völker und der Förderung heiligen Brauches widmen. So will es Gott.«

Einfacher drückt sich das – ursprünglich flämische – Volkslied »Nar Oostland willen wij rijden« aus, das mit doppelsinniger Pointe bald über der gesamten Ostbewegung steht: »*Nach Ostland woll'n wir reiten,/nach Ostland woll'n wir gehn,/frisch über die grüne Heiden,/ja über die Heiden,/dort werden wir besser uns stehn.*«

Der Spitalmeister Hermann von Salza, der im Prussenland wahrscheinlich nie über Heiden ritt, nennt seinen Rittern als Vorbild für ein Deutschordensland den straff organisierten

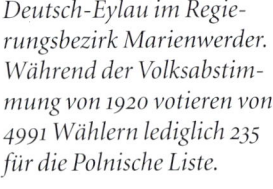

Deutsch-Eylau im Regierungsbezirk Marienwerder. Während der Volksabstimmung von 1920 votieren von 4991 Wählern lediglich 235 für die Polnische Liste.

sizilianischen Beamtenstaat der Hohenstaufer. Nach der Überlieferung wird dem Orden, dessen Bedeutung für das ritterlich, geistlich-karitative Leben Europas schnell unübersehbar werden sollte, die Führung des Reichsadlers, wie er später die Wappen West- und Ostpreußens ziert, schon jetzt erlaubt.

So gerüstet treten die Deutschherren mit dem Schwert (dann mit der Schrift), mit der Burg (dann mit der Kirche) zur Eroberung an. In der Ostbewegung wird die Rückgewinnung germanischen Lebensraums gesehen, für die Kreuzzüge, die Feldzüge sind, haben Chronikenschreiber das Wort Reisen gefunden. Kreuzfahrer, die die Ritter begleiten, werden *Ordensgäste* genannt, prussische Falschgläubige schlicht *Sarazenen* (ursprünglich ein Stamm im nördlichen Arabia felix, im Mittelalter auf alle Araber übertragen).

Als die Ordensritter durchs Altpreußische reiten, beherrscht der deutsche Kaufmann bereits das davorlie-

gende Meer. Lübeck ist führende Macht im Ostseeraum, Riga eine Stütze des Fernhandels, Danzig besitzt deutsches Stadtrecht. Spätestens mit dem Glanzverlust der deutschen Herrscher, der kaiserlosen, schrecklichen Zeit, werden es dann Städtehanse und Orden sein, die die deutsche Machtpolitik tragen. Die Ausdehnung nach Osten ist im Rückblick so auch weniger Verdienst des Reiches als das seiner Menschen, ihrer physischen, wirtschaftlichen und geistigen Kraft.

Der Orden ist durch die Synthese von Mönchtum und Ritterschaft kein reiner Kampfbund. Die Ritter leben – bei 120 Tagen mit vorgeschriebenen Fastenspeisen im Jahr – nach den Geboten von Keuschheit, Armut und Gehorsam, jedenfalls wird es später so weitererzählt. Um sie herum Kleriker-, Laien- und Halbbrüder (Graumäntler), Schwestern und Halbschwestern zur Krankenpflege, ritterliche und nichtritterliche Freie und Unfreie als Söldner, Diener und Knechte. Halbbrüder und -schwestern sind weltlich geblieben, dürfen dafür nur das halbe Ordenskreuz, braune oder graue Kleidung tragen.

Unter dem schwarzweißen Ordensbanner versammeln sich die Söhne des gesamten deutschen Adels, dazu berühmte Namen wie Premysl Ottokar II., in dessen Adern das unruhige Stauferblut fließt, und König Johann von Luxemburg-Böhmen, der zukünftige Kaiser Karl IV., König Ludwig von Ungarn, Wilhelm IV. von Holland, Erzherzog Albrecht III. von Österreich und Graf Heinrich von Derby, nachmalig König Heinrich IV. von England.

Vielleicht war es bei diesem Aufgebot tatsächlich so, daß Konrad, der Masowier, nicht ahnen konnte, wen er vom Heiligen ins Heidnische rief. Allzu einseitig läßt sich einer wie Polens Historiker Podkowinski trotzdem aus: *»Das war doch keine nationale Organisation, das war eine Gruppe, die aus Rittern und Raubrittern aus ganz Europa bestand. Diese Männer, erkennend, daß ihre Zukunft nicht im Orden läge, daß der einmal nicht mehr sein würde, kultivierten das Land in ihrem eigenen Interesse. Zunächst einmal aber, das möchte ich betonen, begingen sie den ersten Genozid, den ersten Völkermord. Sie haben*

die Prussen ausgerottet und blieben allein im Land.«

Anno domini 1231 überquert Landmeister Hermann von Balk mit Rittern und Knechten die Weichsel. Auf dem Ostufer der Flusses entsteht das feste Haus Thorn (nach der Kreuzritterburg Torun in Palästina), zusammen mit Kulm Operationsbasis für die Eroberung des Prussenlandes. Am Fluß Sorge (Sigurna) in Pomesanien (i. e. der spätere Reg.-Bzk. Marienwerder) kann ein Kreuzheer polnischer, schlesischer und pommerellischer Fürsten, doch mit Rittern aller christlichen Länder, die Prussen besiegen. Nach einem Vorstoß in Richtung Frisches Haff wird auf dem rechten Ufer des Elbing die Ordensburg gebaut. Etwa zur gleichen Zeit legen Lübecker Kaufleute dort eine Kaufmannssiedlung an.

Die Ritter – rechte Recken wie der Paske von Rosenow, Cristoffer von Lichtensteyn oder der Raben von Tal-

heim – dringen tief nach Nordosten vor, wo ihnen Livlands »Fratres militiae Christi«, die Schwertbrüder entgegenkommen. Die Prussen geben nicht kampflos auf, alleine in der Schlacht beim späteren Dorf Krücken, südlich von Kreuzburg, werden 1000 Ordenskrieger, 54 Ritter, der Hauskomtur Johann von Balga und der Marschall Heinrich Botel recht prutzig abgekrängelt (ostpr. für abgeschlachtet). Bis 1256 sind Pogesanien, Ermland, Natangen, das Samland und Galinden, bis 1283 Nadrauen, Schalauen und Sudauen trotzdem in Christenhand.

Das *Liebe Deinen Nächsten* hat allerdings nicht jeder verstanden. Den 2. großen Prussenaufstand führt mit dem Natanger Hercus Monte (Herkus Mantas) ein Neubekehrter an, den der Orden in Magdeburg christlich erziehen ließ. Montes Prussen fallen die meisten Ordensburgen zum Opfer, Elbing rettet, so die Sage, nur das Eingreifen mit flammenden Schwertern dem Himmel entsteigender Ritter. Um herbe Verluste auszugleichen, bleibt der Orden auf Nachschub aus der Heimat angewiesen. Dem Urkundenbuch der Stadt Lübeck liegt ein vergilbter Ruf nach neuen Gotteskämpfern aus dem Jahre 1261 bei, dazu das Anerkennungsschreiben: *»Durch das Blut eurer Väter und Brüder, eurer Söhne und Freunde ist das Feld des Glaubens in diesen Landen wie ein ausgewählter Garten oft benetzt worden.«*

Eine bleibende Niederlage sollte die römische Mission durch die Hand Alexander Newskijs erleiden. Mit seinem Sieg in der »Eisschlacht« auf dem Peipussee verhindert der Fürst von Nowgorod das weitere Vordringen der römischen Kirche, die Katholizierung Rußlands.

Es war ein Land – der Ostwind pfiff

Gegen Ende des 13. Jahrhunderts ist (Ost)Preußen für die Deutschherren so weit gewonnen, daß der Chronist Lucas David formulieren kann: *»Nachdem in deutschen Landen allenthalben kund war, daß Gott in Preußen gnedigen Frieden geben, seindt auch auf des Ordens Fordern und Zusage viel Leute aus deutschen Landen willig hereinkommen und sich ein Jeder gesatzt, da es Ime gelegen oder am besten behagte als umb den Elbing und andere wässerige Orte die aus*

Siegel Elbings aus dem Jahr 1399.

Mohrungen aus der Vogelschau. Eine Gründung der Ordensritter, waren es Kolonisten aus Thüringen, die der Geburtsstadt Johann Gottfried Herders den aus der Vorheimat vertrauten Namen gaben.

*Johann Gottfried Herder
(1744–1803), Philosoph,
Theologe und Dichter aus
Mohrungen.*

Sachsen, Holland, Jülisch und anderen Ländern, der dann viel ins Ermländische Bisthumb als Frauenburg, Braunsberg, Mehlsack und Rössel, da dann die beiden Dörffer Santoppe und Heinrichsdorf mit Geldrischen und Jülichschen reisigen Knechten seindt besetzt worden.«

Von der Weichsel her haben die vom Reisefieber gepackten Ritter, außerhalb des Reiches, doch im Auftrag dessen höchster Autoritäten, militärische Stützpunkte angelegt. Strittig bleibt, ob Kaiser oder Papst die Oberhoheit ausüben, die Verwaltung kann sich trotzdem konsolidieren, die Besiedlung vorangetrieben werden.

Um das feste Haus/die Burg, mit Bedacht bevorzugt im Weichbild einer Prussensiedlung angelegt, entsteht der Flecken, bleiben die Ritter, solange sie ohne Hof und Vorwerk sind, doch auf die Versorgung der Bauern angewiesen. Einladungen in das vorwiegend agrarische, vom Adel geschützte Land Nova Germania gehen an den Bevölkerungs-

überschuß des Reiches. Das frühe Dorf wächst sich zur frühen Ordensstadt aus, einer hochentwickelten Siedlungsform, die noch lange am regelmäßigen Grundriß zu erkennen sein wird. Die gotische Kunst, wie sie im Kontrast zu den streng zweckmäßigen, quadratischen Burgen steht, macht frühe Kirchen, Rathäuser und Bürgerbauten zu architektonischen Kunstwerken.

Seit 1233 besteht die Kulmer Handfeste, ein Stadt- und Landrecht, das richtungweisend für das Ordensland wird. 1243 hat der päpstliche Legat Wilhelm von Modena das Land mit Kulm, Pomesanien, Ermland und Samland in vier Diözesen eingeteilt. Um 1390 stehen im Ordensland 93 Städte und 2 000 Einzelhöfe neben rund 1 400 Dörfern und Flecken. Dem Zusammenspiel militärischer und klösterlicher Zweckbestimmung dienen 48 feste Schlösser. Der Hochmeister hat seinen Sitz von Venedig nach Marienburg verlegt, wo sich von ihren *Litauerreisen* heimkeh-

rende Ritter, die Ahnen der europäischen Fürsten- und Adelsgeschlechter, seit Jahren in einer Tafelrunde treffen. Die mächtige, mit doppeltem Mauerring und neun Türmen geschützte Burg Königsberg ist Sitz des Ordensmarschalls. Mit dem Erwerb der Neumark und Driesens erreicht der Ordensstaat seine räumlich größte Ausdehnung.

Der Ritterclan zählt zu den größten Handelsunternehmungen seiner Zeit, unterhält die größte Handelsflotte der Hanse. Die Deutschherren führen Getreide, Tuchwaren, Holz, Wein und Wachs aus, ihre Falkenschulen versorgen das Reich mit dem Symbol des Rittertums, dem Stolz der Falkeniere. Unter den Einnahmequellen prominent steht das Bernsteinregal, eine Art Staatsmonopol, das den Landesherren das Recht verleiht, Bernstein zu handeln. Seit dem Altertum als Schmuck- und Amulettmaterial geschätzt, wegen seiner »Heilkraft« begehrt, bietet sich »Ostpreußens Gold« – honiggelb bis

tiefbraun, tatsächlich kein Stein, sondern das verfestigte Harz von Nadelbäumen – jetzt besonders zur Herstellung von Rosenkränzen an. Der Reichtum des Landes wird in europäischen Landen bereits sprichwörtlich genutzt, doch Reichtum verlockt nicht nur, er lockt auch Feinde an.

Mit der Festigung des Ordensstaates, der Ausbreitung der deutschen Stadt und des deutschrechtlichen Dorfes, geht die »Eindeutschung« der Prussen einher. Rund 50 Jahre hat es gedauert, bis sie besiegt, getauft und politisch unterworfen waren. Noch gilt für neue Christen ein vermindertes Recht, das sie vom Deutschen unterscheidet, tatsächlich ist Preußens gerühmte nationale Toleranz in Ansätzen bereits zu erkennen. Strafen dafür, ob ein Prusse einen Deutschen oder ein Deutscher einen Prussen bestiehlt, sind gleich, Prussen von edler Herkunft können Ritter werden, Freien bleibt das Fischen »zu des Tisches Notdurft« erlaubt.

Blick auf Osterode am Drewenzsee. Seit 1300 als Sperrfeste des Ordens urkundlich belegt, siedelten sich hier vorwiegend sächsische Ostwanderer an. Von Osterode aus dirigierten Hindenburg und Ludendorff die entscheidende Phase der zweiten Schlacht von Tannenberg.

Seite 24: Preußisch-Holland. Die älteste Stadt des Oberlandes verdankt den Namen niederländischen Kolonisten. Flamen, ursprünglich zum Bau der Weichseldämme ins Land gerufen, legten den Grundstein, holländische Mennoniten zogen im 16. und 17. Jhdt. nach.

Hohenstein im Kreis Oste-rode. Um 1390 stehen im Ordensland 93 Städte und 2000 Einzelhöfe neben rund 1400 Dörfern und Flecken. Dem Zusammenspiel militärischer und klöster-licher Zweckbestimmung dienen 48 feste Schlösser.

Oberste Autorität im Staatsgebilde ist der Hochmeister, dem die landes-herrlichen Rechte eines Reichsfürsten zustehen, ohne als Ordensmann dem Reich gegenüber zu Dienstleistungen verpflichtet zu sein. An seiner Seite ste-hen fünf Großgebietiger: der Groß-komtur (sein Vertreter), Ordensmar-schall, Spittler, Trappier und Treßler, der Reihe nach verantwortlich für Heer-, Kranken-, Bekleidungs- und Fi-nanzwesen. Eines Tages kommt ein Turkopolier für Hilfstruppen hinzu.

Mit der gewaltigen Ostkolonisation sind Namen wie Hartmut von Grum-bach, Anno von Sangershausen, Poppo von Osterna, Heinrich von Wida, Diet-rich von Grüningen und Konrad von Thierberg verbunden. Seine schönste äußere Blüte verdankt der Ordensstaat Winrich von Kniprode, »eyn herlich man an persone und an gestalt«. Die wesentlich stillere Kulturarbeit leiste-ten Deutschherren wie Siegfried von Feuchtwangen, Meinhard von Quer-furt, Werner von Orseln oder Dietrich von Altenburg, dann auch Geistliche wie Johannes (nach seinem Geburts-ort) von Marienwerder, Beichtvater Dorotheas (der Heiligen) von Montau und »eyn achtbar lerer der heyligen schrifft«.

Eine Ordensdichtung ist den Ideen der Ritter dienstbar, weist im geistli-chen auf die Marienverehrung, die Ver-herrlichung biblischer Gestalten und Glaubenshelden hin, während sie im weltlichen die Geschichte der Deutsch-herren beschreibt. Um den Triumph der Kirche unter besonderer Betonung der deutschen Ritter zu feiern, hat Peter von Dusburg mit der »Chronika terre Prussie« eine Geschichte Preußens ge-schrieben. Als sie Ordenskaplan Niko-laus von Jeroschin in Reimpaaren ins Deutsche übersetzt, stehen am Hori-zont ein paar Wetterwolken: Der Orden ist nicht mehr ganz, was er einmal gewesen war. Mittelalterlich-ritterliche Ideale beginnen zu schwinden, überstrenge Lebensinhalte der Frühzeit lösen sich auf. In der Erinnerung an die eigentliche Heldenzeit liegt die Hoffnung zu neuen Taten.

Der Orden ist weiterhin von geistlichen Ideen getragen, ein erster schwerer Sündenfall vorerst ohne ernste Folgen geblieben: Mit dem Aussterben der Herzöge Pommerellens war die Landschaft westlich der unteren Weichsel zum Streitobjekt verschiedener Parteien geworden. Von Polen zu Hilfe gerufen, um das bedrängte Danzig zu entsetzen, zeigte der Ritterclan den Brandenburgern die eiserne Faust, gleich darauf allerdings auch den verbündeten Polen. Freiwillig gab er die Hansestadt am Bernsteinstrand nicht mehr her, was Brandenburg dazu zwang, dem Orden Pommerellen (Klein-Pommern, westlich der unteren Weichsel und nördlich der Netze) mit Danzig gegen 10000 Silbermark zu verkaufen. Po-

lenkönig Kasimir »der Große« konnte nicht anders, als den Handel im Frieden zu Kalisch gleich *auf ewige Zeiten zu bestätigen.*

Der Orden hatte seine Landbrücke gen Westen, Polen, dem ein deutscher Wall den Zugang zum Mare Balticum versperrt und seine Seestellung verloren. Für die Deutschherren bedeutungsschwer, daß sie ihre Waffen anstatt gegen Heiden, wie es der Stiftungsaufgabe entspricht, gegen Christen erhoben. Etwas, wofür es eines Tages dann keinen Ablaß mehr gibt.

Der kraftvolle Spieler, der dem Orden an der Schwelle des Mittelalters zur Neuzeit zum Verhängnis wird, kommt aus der Verbindung der polnischen Königin Hedwig mit dem als Wladislaw II. getauften litauischen Großfürsten Jagiello. Wladislaw hat Polens Adel und ordensfeindlichem Klerus versprochen, den Expansionsdrang der Deutschherren zu stoppen, Hedwig dafür die Verlobung mit einem Habsburger gelöst.

Hohenstein aus der Vogelperspektive. Bereits 1351 als Feste genannt, steht die Stadt am Amling während der zweiten Schlacht von Tannenberg im Brennpunkt der Kampfhandlungen. Mit dem Wiederaufbau wird, von der Patenstadt Leipzig unterstützt, noch während des Krieges begonnen.

Schwer zu kontrollierende Litauer hatten den Rittern schon kräftig ins christliche Handwerk gepfuscht. In besonderer Erinnerung ist die Schlacht bei Heiligelinde geblieben, in der die Muttergottes die Vernichtung eines Heerhaufens um den Großkomtur Heinrich von Plotzke erst im letzten Augenblick verhinderte. Als Ruhmesblatt galt die berüchtigte Schlacht bei Rudau, einem Waffenplatz südlich des Kurischen Haffs. Dort hatte Hans von Sagan trotz einer Beinwunde die arg bedrohte Ordensfahne hochgehalten. Die Heldenbeschwörung würde dafür den Schustergesellen von Königsbergs Kneiphof (den es in dieser Form nie gab) reichsweit auf die Ehrentafeln der Schuhmachergilden setzen, die Erinnerung hält das alljährlich zu Himmelfahrt im Königsberger Schloß aufgetragene Gastmahl Schmeckbier wach.

Ganz anders der Landmeister von Balga, Henning von Schidekop, den Rudau das Ritterleben kostete. Ihn sollte Agnes Miegel aus dem Schlachtgetümmel nehmen, ihm hat sie – *»Über Rudaus Walstatt flog schattend die Nacht,/ verbrandend rollten die Wogen der Schlacht,/ weich fliegen die Flocken, weiß und schwer/ über das sterbende Litauerheer«* – mit der Ballade »Henning Schindekopf« das literarische Denkmal gesetzt.

Mit dem Übertritt der dezidierten Ordensgegner zum Christentum drohen den Heidenkämpfern, die lieber fechten als missionieren, die Heiden auszugehen. Der Kreuzzugsgedanke, und damit das Recht des geistlichen Ritterstaates auf Fortbestand stellt sich infrage. Weltliche wie kirchliche Autoritäten sähen es lieber, wenn die Deutschherren gegen heidnische Osmanen kämpften. Bei künftigen Abenteuern würde das Talentreservoir kreuzfahrender *Gäste* aus dem Reich fehlen. Mit jenem Tag, an dem es nicht mehr der Missionswille ist, der die Edlen zu den Unedlen führt, überschreiten die Ritter den Zenit, erstarrt ihr Ordensstaat.

Gegen eine für ihn recht verderbliche Koalition fehlt dem Orden in einer der blutigsten und folgenschwersten Feldschlachten des Mittelalters dann (a) die Unterstützung der Muttergottes und (b) einer Heldenfigur vom Schlage des Hans von Sagan. Auslöser ist ein Aufstand des noch heidnischen Baltenvolks der Samaiten. Die kompliziertstarre Ordenshierarchie überschätzt ihre Kraft, wie es im Wesen alter Ordnungen steckt, die Gewohnheit als Faktor der Stabilität verkennen, und schickt Polen-Litauen den *Absagebrief* (wie man damals den heißen Krieg erklärte). Gleich darauf drängen die Ritter zur Demonstration.

Der rein deutsche Streithaufen, der nach einem anstrengenden Nachtritt am Morgen des 15. Juli 1410 bei Grünfelde und Tannenberg (im späteren Kreis Osterode) eintrifft, kämpft unter der Fahne des hl. Georg, ist jedoch aus

Paul von Beneckendorff und von Hindenburg, der »Held von Tannenberg«, während der Einweihung des Tannenbergdenkmals. Gegen Ende des Zweiten Weltkriegs wird die burgartige Anlage von eigenen Truppen gesprengt.

vielen Fähnlein zusammengesetzt. Unter die Truppen des Ordens und des Hochstifts Ermland haben sich in ganz Westeuropa angeworbene Söldner und zum Kriegsdienst verpflichtete Bauern und Bürger gemischt: Ritter und Armbrustschützen zu Pferd, berittene Gefolgsleute, Kanoniere, darin geschult, Steinkugeln und gehacktes Bleischrot zu verschießen (ein Vorteil gegenüber dem Gegner, der ohne »Artillerie« auskommen muß).

Um die 15 000 Deutsche können es gewesen sein (die Zahl wird häufig übertrieben), der Gegner – Polen, Litauer, Tartaren, Russen, Deutsche, Samaiten, Walachen usw. – bietet um die 25 000 Mann auf, jeder einzelne mit dem Strohwisch an der Rüstung, damit man ihn vom Feind unterscheiden kann.

Wer dem Gegner die zwei Schwerter geschickt hat, die zeittypisch zur Schlacht auffordern, ist ungeklärt. Ulrich von Jungingen aus schwäbischer Ritterfamilie, mit dem Befehl über das Ordensheer, wäre es zuzutrauen. Der Mann hielt etwas auf sein Handwerk, gab sich bevorzugt ritterlich. Nicht lange, nachdem der Ordensfeind mit dem Marienlied »Boga Rodzicza« auf den Lippen aus seiner Stellung ist, begehen die Deutschherren einen prinzipiellen Fehler (dafür, daß es sporadisch regnete, die Feuchtigkeit das Schwarzpulver der Artillerie ruinierte, können sie nichts). Die Deutschen erobern eine polnische Fahne, steigen zu Dank verpflichtet aus den Sätteln, um »Christ ist erstanden« zu singen. Darauf hatten polnische und tartarische Reiter nur gewartet. Das Ordensheer wird eingekreist. Erst fällt Ulrich von Jungingen, dann die Ordensfahne, dann haben die Alliierten allen Grund, das Marienlied erneut anzustimmen.

Die historische Altstadt von Allenstein mit Marktplatz und Jakobikirche (14. Jhdt.). Weltliches Territorium des ermländischen Domkapitels, behält Allenstein auch nach dem Zuzug masowischer Neusiedler sein deutsches Gesicht. Nach dem Ersten Weltkrieg wird es von Polen reklamiert.

Polen und Litauer werten Tannenberg zum Sieg der Slawen über die Deutschen auf, obwohl die dem Orden in Feindschaft verbundenen preußisch-deutschen Städte die Aufstellung ihres Heeres mitfinanzierten. Die erbeuteten Ordens- und Schützenbanner, Signalflaggen und persönlichen Wimpel würden in Zukunft neben dem silbernen Sarg des hl. Stanislaus den Dom zu Krakau schmücken (das Große Banner des Hochmeisters, die Bannervarianten der Komturai Danzig und der Stadt Königsberg sind darunter). Die Deutschherren errichten auf der Walstatt eine Marienkirche zum übernationalen Seelenheil aller »*dy do geslagin*

wordin von beyden teylen yn dem streyte«. Der preußische Staat stellt eines Tages einen schlichten Granitblock dazu, der verkündet: »Im Kampf für deutsches Wesen, deutsches Recht starb hier der Hochmeister Ulrich von Jungingen den Heldentod.« (Auf dem höchsten Punkt des Schlachtfelds würde einst das sogenannte Tannenberg-Denkmal gebaut, in dem sich bis Ende des Zweiten Weltkriegs die Grabstätte des »Helden von Tannenberg«, Paul von Beneckendorff und von Hindenburg befand. Doch der war Held zu einer anderen Zeit.)

Der polnische Geschichtsschreiber Jan Dlugosz (1415–1480) überliefert

Werg, mit dem sie die geschlagenen und fliehenden Polen vor sich her jagen wollten. Zu früh freuten sie sich ihres Sieges, stolz auf sich selbst vertrauend und nicht bedenkend, daß der Sieg in Gottes Hand lag. So hat Gott ihren Hochmut gerecht bestraft, denn die Polen banden sie mit eben diesen Eisen und Fesseln.«

Die zeitgenössische Chronik berichtet (für die Ordensseite): »Als die Schlacht vorüber und der Meister, Herr Ulrich von Jungingen, tot lag und der oberste Marschall, der Großkomtur und der Treßler, als von den Gebietigern niemand davon kam, denn die Komture von Elbing, Danzig und Balga – die anderen wurden alle erschlagen, nur wenige gefangen, denn sie standen alle im Kampf – und die Leute, die herbeigeeilt waren zu Pferd und zu Fuß, aus allen Gebieten, bei Leib, Gut und Ehre, schier zahllos wurden sie erschlagen, daß Gott erbarme, da kam großer Jammer über das ganze Preußenland.«

Und weiter: »Nun hatte unser Herr doch aus sonderlicher Lieb und Gnade

die Schlacht, die den deutschen Osten veränderte, aufgrund von Augenzeugenberichten (für die polnische Seite): »Die feindlichen Lager mit großen Vorräten und Reichtümern, die Wagen und der gesamte Troß des Großmeisters und der preußischen Ritterschaft fielen in die Hände der polnischen Soldaten. Man fand im Lager der Kreuzritter einige Wagen, die nur mit Ketten und Banden beladen waren. Ihres Sieges gewiß und nicht Gott um diesen bittend, mehr mit dem künftigen Triumph als mit der Schlacht beschäftigt, hatten sie diese für die Fesselung der Polen vorbereitet. Es gab auch andere Wagen voll mit Kienholz, auch mit Talk und Pech getränktem

Abstimmungsdenkmal am Allensteiner Jakobsberg. Im Regierungsbezirk Allenstein, 1920 vor die Frage Deutschland oder Polen gestellt, haben sich 97,8 Prozent der mündigen Bevölkerung für Deutschland entschieden.

erhalten den ehrwürdigen Herrn Heinrich von Plauen. Er kam zu spät zum Kampf, wie das Gott haben wollte. Der war ein tapferer und tüchtiger Kriegsmann. Er verstand viel vom Kriege, was dem Land zu großem Frommen wurde. Der kam sofort nach Marienburg, fand das Haus ungewarnt und blos von Speise, Schießzeug und allem, das nötig gewesen wäre, um das Haus wehrhaft zu machen und zu halten. So blieb dem von Plauen nichts eiliger zu tun, als Lebensmittel und andere Notdurft aus den Speichern vor und in der Stadt zu nehmen, Stadt und Vorstadt anzustecken und zu verbrennen und von den Höfen zu nehmen Kühe, Schafe, Schweine, Käse und Butter, um das Haus zu Marienburg damit zu versorgen ... Es zog der König von Polen mit all seiner Macht vor das Haus Marienburg und belagerte es am zehnten Tage nach dem Kampf. Hätte er es gleich berannt, er hätte es gewonnen ohne Zweifel. Aber unserem Herrn behagte es anders. Er wollte den ehrbaren Orden noch gewähren lassen und in Gnaden halten.«

Die erfolgreiche Verteidigung der Marienburg durch den enormen Kraftakt Danziger Schifferknechte unter Heinrich von Plauen, Komtur von Schwetz, bewahrt den bereits lahmenden Orden vor dem Zusammenbruch. Zum Hochmeister gewählt, schließt von Plauen den 1. Thorner Frieden, der den territorialen Bestand des Ordenslandes mit Ausnahme Samaitens bestätigt. Nicht zu verhindern ist, daß man ihm die Auslösung der Gefangenen mit 100 000 Schock böhmischen Groschen in Rechnung stellt. Die größte Niederlage eines deutschen Heerhaufens im Mittelalter plündert die Kasse, lädiert den Ruf, im Schatten von Tannenberg beginnt der Niedergang, zur echten Nachblüte fehlen Heiden und Geld. Als sich der klamme Hochmeister gezwungen sieht, zur Finanzierung alter und neuer Kriegslasten Steuern einzuführen, regt sich der Widerstand.

Ein Konstruktionsfehler des Or-

densmodells wirkt sich gerade jetzt recht nachteilig aus. Im Gegensatz zu früheren, übernationalen Kreuzzügen hatten die Deutschherren versucht, ihre Ritter im großen Land der wenigen Untertanen zu halten, doch dort stand den eisengepanzerten Christenmenschen das Gelübde zu Ehelosigkeit und Keuschheit im Weg. Verhindert, mit dem Boden, den sie eroberten, christianisierten und kolonisierten, dort auch zu verwurzeln, mußten sie eine kleine, landfremde Elite bleiben, der das Verhältnis zu Landadel, Bauer und Städter fehlt.

Zeitgenossen geißeln »*aggressive Kraft und herrische gemüthlose Kälte*« als Gebrechen des Ordens. Heinrich von Treitschke würde die Deutschherren als »*Geschlecht schroffer, herrischer Menschen*« schimpfen, »*einer königlichen Ehrsucht voll, hart und lieblos, mit dem kalten Blick für das Notwendige*« (womit sich etwas von der Ethik jener Sachlichkeit abzeichnet, die dem Atmosphärischen des preußischen Beamtentums entspricht).

Zur Wahrung ihrer Rechte schließen sich die landständische Ritterschaft und das selbständige Bürgertum der Städte unter Führung des oberländischen Edelmanns Hans von Baisen im Preußischen Bund (auch: Bund der Gewalt) zusammen. Als Kaiser Friedrich III. die Verbindung für ungesetzlich erklärt, trägt von Baisen Polenkönig Kasimir IV. die Herrschaft über Preußen an (nach dem Ersten Weltkrieg unter den »uralten Rechtsansprüchen« auf Land und Leute, die Polen den Siegermächten nennt).

Im aufflammenden Städtekrieg können die Deutschherren die Polen bei Konitz ein letztes Mal schlagen, doch der Sieg ist eine Niederlage. Der Orden, seit dem Ende der aktiven Heidenmission ohne Nachschub an abendländischen Rittern, hatte im Westen kriegserfahrene Söldner angeworben, Haudegen darunter wie Rudolf von Sagan oder Bernhard von Zinneburg. Ihnen mußte er in Ermangelung von Barem

Marktplatz und Kirche von Soldau im Kriegsjahr 1915. Nach dem Ersten Weltkrieg spricht der Vertrag von Versailles Soldau mit 29 umliegenden Ortschaften ohne Volksabstimmung und gegen den Willen der überwiegend deutschen Bevölkerung dem wiedererstandenen Polen zu.

die Marienburg, Haupthaus und Residenz des Hochmeisters am hohen Nogatufer, verpfänden. Als 1457 der Sold fürs Handwerk tatsächlich ausbleibt, besetzen Landsknechte – *Kruppzeug,* wie der Ostpreuße hinterher sagte – die Burg, um sie an den meistbietenden Polenkönig zu veräußern. Ein Handel, der Hochmeister Ludwig von Elrichshausen auf Schleichwegen aus der Residenz in Richtung Königsberg zwingt.

Thorn, die vorwiegend von Westfalen besiedelte »Königin an der Weichsel«, Elbing und Danzig werden freie Städte unter der nominellen Oberhoheit des Königs von Polen. Im Krieg hatte sich auch Fürstbischof Paul von Legendorf, Kirchen- und Landesfürst des Ermlandes, mit dem Ordensgegner verbündet. Das sollten die Ermländer jetzt schnell bereuen. Als ihnen König Kasimir anstelle des rechtmäßig gewählten und vom Papst bestätigten Nikolaus von Tüngen aus Wormditt einen Polen zum Bischof vorsetzen will, kommt es darüber zum Bischofsstreit,

im Volksmund Pfaffenkrieg genannt. Wie nicht anders zu erwarten, unterliegt der geistliche, schwer heimgesuchte Kleinstaat dem übermächtigen Gegner. Von Tüngen wird zwar anerkannt, doch in Zukunft dürfen die Ermländer ihren Bischofsstuhl nur noch mit dem König genehmen Kandidaten besetzen. Unter ihren Bischöfen befinden sich dann Deutsche wie der in Wien zum Dichter gekrönte Danziger Johannes Flachsbinder, Dantiscus genannt, aber auch Polen wie der bedeutende Kirchenfürst Stanislaus Hosius, der eifrigster Vertreter der Gegenreformation.

Im 2. Thorner Frieden verliert der gegen den inneren wie äußeren Feind zusammengebrochene Orden Pommerellen, das Kulmerland, Marienburg und Elbing (Königlich-Preußen genannt) sowie das Ermland an die polnische Krone. Mit dem Ende der Großmachtstellung leisten die Deutschherren dem Feind von gestern den Eid. Dem Ritterorden bleibt die Osthälfte des alten Ordenslandes, eingeschlossen die späteren Kreise Marienwerder und Rosenberg. Teil der neuen Konstellation ist die Verpflichtung, Polen Heerfolge zu leisten, was Hochmeister Johann von Tiefen bald das Leben kostet.

Von Pillkaller, Nesseltuch und einem Sonnenhalter

Das späte 15. Jhdt., das jenseits der klassischen Ordenszeit liegt, verdichtet die Zeichen der Loslösung von scholastischen Dogmen des Spätmittelalters. In die von Zweifeln und neuen Erkenntnissen erfüllte Zeit wird in Thorn Nikolaus Kopernikus geboren, kein Ost- sondern ein Westpreuße, doch bei Genies seiner Art ist es üblich, daß man Ausnahmen macht. Es kann zudem nicht bestritten werden, daß der Thorner nach Studien in Krakau, Bologna und Padua sein Kanonikat am ermländischen Domkapitel Frauenburg antrat, im Turm eines Festungswerks am Frischen Haff jene Himmelsbeobachtung machte, die die Erde aus dem Mittelpunkt des Weltalls nimmt und an dessen Peripherie führt: »*Um die Sonne als ruhende Mitte kreisen die Planeten auf ihren Bahnen; die Erde aber ist ein Planet wie andere und kreist ebenfalls um die Sonne, wobei sie den Mond mit sich führt. Die Erdbahn liegt zwischen den Bahnen des Mars und der Venus.*« Es ist ein im Prinzip allgemein verständliches Bild, das der Thorner entwirft, kann der Zeitgenosse doch für logisch halten, daß »die Sonne, diese Leuchte« eben dort sitzt, wo sie alles andere beleuchtet. Martin Luther sollte Kopernikus trotzdem einen Narren schelten, der – unvereinbar mit der Bibel – die ganze Kunst Astronomiae umkehren will. Noch rund 70 Jahre, nachdem er im Fußboden des Frauenburger Doms bestattet wurde, entscheidet eine kirchliche Kommission, daß es einfach falsch und ketzerisch sei, die Sonne für

den Mittelpunkt des Weltgebäudes zu halten.

Weiterhin läßt man die Welt stillstehen und die Sonne darum kreisen, doch der Geist des Kopernikus erweist sich als stärker. Brahe, Kepler und Galilei kämpfen seinen Kampf, der Westfale Friedrich Wilhelm Bessel, Professor der Astronomie und Direktor der Sternwarte in Königsberg, erbringt den Beweis für die Richtigkeit der Lehre.

Im 16. Jhdt. kommen die Ströme des geistigen Lebens, Humanismus und Reformation aus dem Reich, im Zeitalter der Aufklärung würden Preußens Kräfte auf das Mutterland zurückwirken. Preußen schickt seine Söhne auf deutsche und italienische Universitäten, wo sie auf Geistesrichtungen stoßen, die sich von den Fesseln mittelalterlicher Theologie und Philosophie

Pferdemarkt in Masuren. Für seine »Pferdstage« bereitet sich der masurische Bauer praktisch das ganze Jahr über vor. Lockt der Pferdemarkt doch zu Auftrieb und Handel mit einer ganzen Palette populärer Vergnügungen.

Philipponen aus Eckertsdorf am Dußsee. Im 19. Jhdt. haben sich wegen ihres Glaubens aus Rußland vertriebene Altgläubige am Rande der Johannisburger Heide niedergelassen. Als prominenteste Aufgabe neben dem Klosterleben und der Feldarbeit sehen die Nonnen die Pflege alter Menschen.

losgesagt haben. Zurück im Land zwischen Weichsel und Memel gibt ihr neues Denken Bildung, Baukunst, Musik und Malerei mehr Raum.

In der Hoffnung auf Unterstützung aus dem Reich hat sich der ernsthaft um seine Zukunft bangende Orden auf Hochmeistersuche in Kreisen der deutschen Fürstensöhne umgesehen. Albrecht von Brandenburg-Ansbach bot sich als gute Lösung an. Der ehemalige Domherr zu Würzburg war eines von 17 Kindern des Markgrafen Friedrich des Älteren aus der fränkischen Linie der Hohenzollern und Sophies von Polen, damit Enkel des Polenkönigs Kasimir. Doch Glück hatten die Deutsch-

herren mit ihm nicht. Während des Nürnberger Reichstags mit dem Theologen Andreas Osiander zusammengetroffen, auf den Rat Martin Luthers hin, verweltlicht der letzte Hochmeister alten Stils den Ordensstaat. Im Krakauer Frieden leistet er für sich und seine Nachfolger den Eid auf den König von Polen. Im Gegenzug wird Albrecht, von Papst und Kaiser als Kuhhandel abgelehnt, mit Preußen als erblichem Herzogtum belehnt.

Mit der Reformation, hier Kampf der Geister genannt, kommen der entlaufene Franziskanermönch Johannes Brießmann als Domprediger und der durch innige Kirchenlieder wie »Es

ist das Heil uns kommen her« bekannte Schwabe Paulus Speratus als Schloß-
prediger nach Königsberg. Der samlän-
dische Bischof Georg von Polentz, der
die Geschäfte des abwesenden Hochmeisters führt, predigt zum Weih-
nachtsfest 1523 bereits evangelisch, im
Jahr darauf wird der Gottesdienst in
seiner Diözese auf Deutsch gehalten.
1525 verspricht von Polentz der Katha-
rina von Wetzhausen die Ehe »bis daß
der Tod uns scheide«. Die Ordensregierung zieht von Königsberg nach Mer-
gentheim um, wo sich die Würde des
Hoch- und des Deutschmeisters in Zukunft in einer Hand befindet (dafür,
daß die Hoch- und Deutschmeister

auch heute noch in vieler Munde sind,
sorgt der Militärmarsch des Infanterie-
und Wiener Hausregiments Hoch- und
Deutschmeister Nr. 4). Das alte Ordensland wird evangelisch-lutherisch,
was es auf religiösem Gebiet von Polen
unabhängig macht, dem nationalen
dafür den konfessionellen Gegensatz
zur Seite stellt.

Nachdem Albrecht das Ordenskleid
abgelegt hat, stärkt die Aufteilung säku-
larisierter Ländereien Adel und Großgrundbesitz. Die privilegierten Stände
drücken, um ihren Lebensstil zu finan-
zieren, den Bauern auf die Stufe des
Hörigen, den Hörigen auf jene des
Leibeigenen. Von prussischen Freien

getragene Unruhen weiten sich zum samländisch-natangischen Bauernaufstand, zur ersten umfassenden sozialen Bewegung des Preußenlandes aus. Nachdem – *Milde dem Untertan, doch Kampf aufs Messer dem Frevler* (Albrecht) – der Flächenbrand gelöscht ist, sind Preußens Bauern nach preußischem Recht weiterhin zu fortwährender Plackerei verpflichtet, bleibt dem Grundherren Handgreifliches wie väterliche Züchtigungen bei Ungehorsam, Faulheit und Mutwillen erlaubt. Erst im frühen 19. Jhdt. entsteht mit den für Ostpreußen so typischen Einzelhöfen jene Landschaftsgeographie, mit der – »*Starke Bauern schreiten/hinter Pferd und Pflug,/über Ackerbreiten/streift der Vogelzug*« – die Bedeutung des Bauerntums gegenüber dem Großgrundbesitz zur Geltung kommt.

Nur im altgläubigen Ermland, dem Land der Kreuze, Kapellen und der Höllkröstarfte (ein Festtagsessen, das Haustiere mitfutter läßt), geht es den

Bauern besser, sind ganze Dorfgemeinschaften bereits für frei erklärt. Doch der Landstrich, in neuerer Zeit die Kreise Braunsberg, Heilsberg, Rössel, Allenstein-Stadt und -Land, hat als katholische Enklave im nunmehr evangelischen Preußenland ohnehin eine Sonderstellung, eine ureigene Geschichte.

Seit der frühen Kolonisation stehen dem Ermland die gleichen Hoheitsrechte wie dem Ordensstaat zu. Es ist im Gegensatz zu den drei im Orden inkorporierten preußischen Bistümern weltliches Domkapitel, dem Ermlands Bischof als geistlich wie weltlich autonomer Landesfürst vorsteht. Lediglich Verteidigung und Außenpolitik liegen in der Hand der Ordensritter.

Seit 1260 dient die Kirche zum Heiligen Andreas in Braunsberg an der Passarge als Kathedrale und 1288 wird der Sitz des Domkapitels an Frauenburgs »Dom am Meer« eingerichtet. 1350 zieht der Bischof nach Heilsberg an der mittleren Alle um. Es war in Heilsbergs

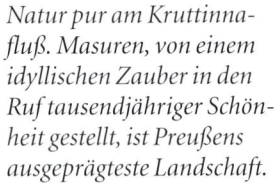

Natur pur am Kruttinna-fluß. Masuren, von einem idyllischen Zauber in den Ruf tausendjähriger Schönheit gestellt, ist Preußens ausgeprägteste Landschaft.

bischöflichem Schloß, wo Kopernikus, Sekretär und Leibarzt seines bischöflichen Onkels Lukas Watzenrode, sein berühmtes Werk »Nicolai Copernici Torinensis De revolutionibus orbium coelestium, libri VI« schrieb.

Als der Ordensstaat die Reformation akzeptiert, kann Ermlands Bischof seine Selbständigkeit dank der Oberhoheit des Polenkönigs bewahren. Die Untertanenformel »cuius regio, eius religio« (Wessen das Land, dessen der Glaube) verpflichtet den Ermländer, am katholisch-rechtmäßigen Glauben festzuhalten. Wer sich dagegen sträubt, erhält die Gelegenheit, das Land zu verlassen. Wer bleibt wird darauf vereidigt, Luthers Schriften nicht zu lesen. Im Ermland sollte es dann hauptsächlich Katholiken geben, als sie 1880 in Königsberg 129 436 Protestanten und 5 207 Katholiken zählen, ist das Verhältnis in Heilsberg mit 2946 : 52 381 gerade umgekehrt. Dazu kommen »katholische Juden«, so genannt, weil sie die christlichen Festtage von Heiligdreikönig bis zum Abend des Höllge Chröst in frommer Eintracht mit ihren Nachbarn feiern.

Erst Polens Teilung addiert das Fürstbistum Ermland Preußen zu, um von nun an dessen Geschichte zu teilen. Noch 1776 zeugt die ermländische Kleiderordnung von einer konservativen geistlichen Oberleitung: »*Dienstmägde sollen sich allein der wollenen Zeuge zu ihrer Kleidung bedienen, Mützen und Schleier aber können sie von Damast oder Taffet, doch ohne Gold und Silber tragen. Den Bauernweibern in den Dörfern werden alle seidenen Kleider ohne Unterschied, auch Schleier, Spitz, Cattun und Nesseltuch verboten. Tagelöhnern und Knechten werden Stiefel und Schuhe von Kalbsleder verboten. Jungfrauen ist das Haubentragen verboten, um sie von den verheirateten Frauen zu unterscheiden ...*«

Lötzen. Dem Festen Haus auf der Landenge zwischen Mauer- und Löwentinsee entwachsen, wird Lötzen im Ersten Weltkrieg hart umkämpft. 1920 fällt der deutsche Abstimmungssieg hier ganz besonders deutlich aus: Im Kreis Lötzen stimmen 29 349 Wahlberechtigte für Deutschland, lediglich zehn für Polen.

*Siegfried Lenz, Schriftsteller
aus Lyck, führt in Romanen
und Erzählungen in seine
masurische Heimat.*

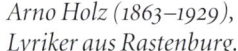

*Arno Holz (1863–1929),
Lyriker aus Rastenburg.*

Albrecht Friedrich von Preußen, der Sohn Herzog Albrechts, hat eine sorgfältige Erziehung im Sinne des »*Was ein christlicher Fürst als Christ wissen muß*« absolviert. Nach dem Tod seines zuletzt körperlich wie geistig stark angeschlagenen Vaters stellt er sich trotzdem als »blöder Herr« heraus und damit unfähig, das Land zu regieren. Für ihn übernehmen Brandenburgs Kurfürsten, im Besitz der Lehnsanwartschaft auf Preußen, die vormundschaftliche Administration.

Neue Siedlungswellen aus dem Sudetenraum, aus Schlesien, den Niederlanden und Litauen drängen in das Herzogtum. Glaubensvertriebene Juden, französische Waldenser, Schweizer Reformierte und friesische Mennoniten sorgen für parallele Welten, pommersche Lutheraner, böhmische Brüder und schottische Presbyterianer finden hier Asyl. Von einiger Bedeutung ist die Zahl einwandernder polnischer Masowier, die sich mit deutschen und altpreußischen Siedlern vermischen, dem südlichen Teil Ostpreußens dann den Familiennamen Masuren geben.

Masuren, zum Westen gehörend mit den Spuren des Ostens, ist Grenzboden; als solcher immer wieder einmal hart umkämpft. Es ist Preußens ausgeprägteste Landschaft, von einem idyllischen Zauber in den Ruf der tausendjährigen Schönheit gestellt. Ein Paradies für Angler, Jäger, Reiter, Naturfreunde und Holzfäller. Auch für »Seefahrer«, gibt es hier doch mindestens ein traumweites »Masurisches Meer« (der Spirdingsee), dazu weitere rund 1 000 Seen und rund 3 000 Pfützen, Äuglein genannt (wobei jeder beim Zählen zu einer anderen Summe kommt).

Masuren mag, mit Hansgeorg Buchholtz, »*die Harfe und das Spiel der Winde*« sein, gerühmt wird es für seine Karpfen, Hechte und Plötzen, für Rothirsch, Keiler oder Böcke; für Natur total. Dazu als Ostpreußens Tränke. Natürlich hat am Kreuzweg der Kulturen auch Flüssiges wie *Pillkaller* (Klarer oder Aquavit mit einer Scheibe Hausmacherleberwurst oder Cervelat und einem Klacks *Mostrich*), *Nikolaschka*

(Cognac, wer ihn sich leisten kann, sonst Weinbrandverschnitt mit Zitrone und Zucker) oder selbst ein *Kirchenfenster* (Eierlikör, Pfefferminzlikör und Portwein) seine Anhänger. Die eigentliche Spezialität des Landstrichs ist allerdings der Bärenfang, ein mit Stangenzimt, Vanilleschote, Gewürznelke, viel frischem Honig und etwas (nie zuviel) Wasser verfeinerter Weinsprit. Ein Honiglikör, den der Volksmund *Meschkinnes* nennt.

Was war schon typischer für Land und Leute, als das in weißer Sommernacht bei Nikolaiken, Sensburg, Kolleschnicken, Waiblingen, Alt-Kriewen, Klein-Rauschen und darüber hinaus von Masuren für masurische Bären zusammengestellte Getränk? Nachdem vom Bärenfang besoffene Bären gefangen waren, also nach der Jagd, wurde in Masurens Forsthäusern übrigens gerne ein *Schlubberchen Jägermilch* ausgeschenkt: ein Gläschen mit Süßer Sahne, Zucker, Eisklümpchen, Arrak und Sekt.

Jedem das Seine

Das 17. Jhdt. verhilft Preußens Städten zu einer kulturellen Blüte, während der sich gerade auch die weltliche und religiöse Dichtung entfaltet. Gelehrte und Künstler werden vom Dreißigjährigen Krieg über das baltische Meer getrieben. In Königsberg schließen sich Dichter und Denker nach Art einer Akademie in der illustren »Musikalischen Kürbishütte über dem Pregel« zusammen. Treffpunkt wird das Laubenhaus des Domorganisten und Liederkomponisten Heinrich Albert. Dort gehören dem erlauchten Dichterkreis lokale Größen wie Andreas Adersbach, Christoph Kaldenbach und Johann Peter Tietz an.

Prominent unter Prominenten ist Simon Dach, *collega quartus* an der Domschule zu Königsberg und – *»Phöbus ist bei mir daheime, diese Kunst der deutschen Reime lernet Preußen erst von mir!«* – Professor der Poesie an der Albertina. Da ihm sein Einkommen – *»O Schule, du hast Schuld«* – kein Auskommen garantiert, schreibt Dach geistliche und weltliche Gedichte, Tanz-, Braut- und Klagelieder. Rund 1500 kommen zusammen, darunter das plattdeutsche »Gretke, warum hefft du mi doch so sehr bedroevet«, das sie in Stadt und Land besonders gerne singen. Simon Dach würde eines Tages, allerdings nicht unbestritten, jenes »Anke van Tharaw« (Ännchen von Tharau) zugeschrieben, das Herder und Nicolai vom Samländischen »ins liebe Hochdeutsch« übersetzen, bevor es Silchers Melodie zum gesamtdeutschen Volkslied macht. Als der vom römisch-deutschen Kaiser zum Dichter gekrönte große Schlesier Martin Opitz am Pregel erscheint, wird er vom Poesie-Professor

Landarbeiter beim »Dengeln« (Schärfen) seiner Sense. Im frühen 19. Jhdt. entsteht mit den für Ostpreußen so typischen Einzelhöfen jene Landschaftsgeographie, mit der die Bedeutung des Bauerntums gegenüber dem Großgrundbesitz zur Geltung kommt.

im Namen der Tischrunde begrüßt: »*Opitz, den die ganze Welt/ für der Deutschen Wunder hält.*«

Das Schicksalsjahr 1618 bleibt von einem lokalen Kirchenstreit überschattet, der zum Prager Fenstersturz führt und über den Böhmisch-Pfälzischen zum Dreißigjährigen Krieg eskaliert. In der politischen Großwetterlage droht ein Erbanfall unterzugehen mit einer für Europa kaum zu überschätzenden Zäsur: Mit dem Tod Albert Friedrichs stirbt die fränkische Linie der Hohenzollern aus, wird das Herzogtum Preußen in Personalunion von Brandenburgs Hohenzollern geführt. Preußenherzog ist der etwas lasterhafte, aus politischem Kalkül zum Kalvinismus übergetretene Johann Sigismund von Brandenburg. Zum Selbstverständnis des alten Ordenslandes gehört, daß es – vom Kaiser unabhängig – unter polnischer Oberhoheit verbleibt.

Vom Dreißigjährigen Krieg wird (Ost)Preußen weniger berührt, Simon Dach meinte das Altreich, als er klagte: »*Wo laß ich Deutschland, dich?/ Du bist durch Beut und Morden/ die dreißig Jahr her/ nun dein Henker selbst geworden/ und hast dich hingewürgt.*«

Als Gustav II. Adolf aus dem Hause Wasa mit einem großen Expeditionskorps Königsbergs Vorhafen Pillau hinaufsegelt und weite Landesteile besetzt, herrscht Krieg zwischen Schweden und Polen. Im »Löwen aus Mitternacht«, dem protestantisches Sendungsbewußtsein zugeschrieben wird, sehen die evangelischen Preußen nicht den Eroberer sondern den Verbündeten.

Der Schwedenkönig, den Napoleon I. einmal zu den acht größten Feldherrn der Weltgeschichte zählen sollte, richtet sein Hauptquartier in Elbing ein, macht danach jedoch weder als Christ noch als Held von sich reden. Drei Jahre später kommt es in Altmark bei

Rastenburg am Guber mit der gotischen Wehrkirche St. Georgi (14./15. Jhdt.). Bekanntester Sohn Rastenburgs – ab 1330 als festes Ordenshaus angelegt, seit 1357 mit Stadtrecht – ist Arno Holz, der der Nachwelt als wichtigster Theoretiker des Naturalismus gilt.

Christburg zum Waffenstillstand mit Polen, Danzig und Brandenburg. Beim Auszug aus Frauenburg läßt Gustav Adolf wertvolle Kunstschätze mitgehen, in Braunsberg packt er die Bibliothek des Jesuitenkollegs ein (die kurz darauf in Uppsalas Universitätsbibliothek zu finden ist).

Mit den Schweden in unguter Erinnerung, fallen Tartaren in Masuren und den angrenzenden Ämtern ein, wovon bis heute *viel Schmerzliches* überliefert ist. Die wilden Reiter ziehen kreuz und quer durchs mitgenommene Land, fackeln die Kirche von Nikolaiken ab, äschern Städte und Dörfer ein, verschleppen Mann, Weib und Kind in die Sklaverei. An die düstere Tartarenzeit würden nachwachsende Generationen durch den Tartarenweg bei Lyck – »einer Kleinstadt zwischen zwei Seen, von der die Lycker behaupten, sie sei die Perle Masurens« (Siegfried Lenz) – und den Tartarenstein bei Neidenburg erinnert. Woman's Power auf masurisch symbolisiert der Tartarensee südlich von Lyck, an dem Weibsleut und entfesselte Männer dem bösen Feind den Garaus machten. Dazu die ziemlich lustige Geschichte, wie man sie sicher nicht allzu ernst nehmen muß: Als sich Tartaren mit gefangenen Männern und Burschen der Nachbarschaft auf- und davonmachten, liefen ihnen lokale Ehefrauen und Mütter kurzerhand hinterher. Am Abend an einem dunkelverschwiegenen Waldsee bändeln sie mit den Tataren an, flößen ihnen dazu mit weiblichem Geschick so viel Bärenfang ein, daß diese betrunken entschlafen, um nie wieder aufzuwachen ...

Die völkerrechtliche Anerkennung der (ost)preußischen Souveränität erreicht Brandenburgs barocker Friedrich Wilhelm im Frieden von Oliva, der den 2. Schwedisch-Polnischen Krieg beendet. Obwohl wahrer Held, nur selten von Gott und der Welt bewundernd-ironisch der Große Kurfürst genannt, bildet Friedrich Wilhelm den Grundstock eines stehenden Heeres, das die Rolle angemieteter Söldner-

haufen übernimmt. In Pillau stellt er eine brandenburg-preußische Marine zusammen, die schnell einige hundert Geschütze trägt. Auf Opposition stößt der Fürst, als er zur Finanzierung seiner ehrgeizigen Pläne *Pinunsen* und nochmals *Pinunsen* aus dem Land zu pressen sucht.

Städte, Landadel und provinzielle Bürgerschaft sehen sich durch Finanz-, Militärpolitik und absolutistische Entmachtungspläne des Hohenzollern in ihrer relativen Unabhängigkeit bedroht. Besonders in der alten Residenzstadt Königsberg – größer als Berlin, reicher dazu, als ständige Residenz trotzdem übergangen – regt sich der Widerstand. Sehen die klugen Königsberger doch voraus, daß der in gewieften Winkelzügen und pragmatischer

Heiligelindes Grünes Tor. Im Besitz des ermländischen Domkapitels ist Heiligelinde im Kreis Rastenburg bevorzugter Wallfahrtsort. Schon 1482 wird eine Wallfahrtskirche mit dem Marienbildnis auf einem Lindenstumpf erwähnt. Zwischen 1687 und 1730 baut Meister Ertly aus Wilna hier eine der schönsten Kirchen Ostpreußens.

Das bischöfliche Schloß Heilsberg. Zwischen 1350 und 1401 im Stil der deutschen Ordensburg erbaut, dienen Burg und Schloß Heilsberg bis 1795 als Residenz der ermländischen Bischöfe.

Schaukelpolitik geübte Preußenherzog das von ihnen (mit)finanzierte Heer eines Tages gegen sie marschieren lassen könnte.

Friedrich Wilhelm gibt ihnen Recht. Mit den Kanonen der Festung Friedrichsburg auf die Pregelstadt gerichtet, durch 2 000 Dragoner gedeckt, reitet er von Pillau her in Königsberg ein, um dem kneiphöfischen Schöppenmeister und Bürgerschaftsvertreter Hieronymus Roth zu zeigen, was Sache ist. Die rauhe kurfürstlich-herzogliche Hand zwingt Preußens Städte und Stände zur Huldigung, Roth bis zum Lebensabend in strenge Festungshaft.

Nicht allzuviel Wasser würde den Neuen und den Alten Pregel hinunterspülen, bis sich Friedrich Wilhelm für *Pinunsen* und Solidaritätsadressen erkenntlich zeigt. Mit dem legendären Winterfeldzug von 1678 hetzt er die Militärgroßmacht Schweden, die Königsberg bedrohte, bis unter die Wälle von Riga zurück. Die Erinnerung an die

bravouröse Schlittenfahrt der kurfürstlichen Infanterie über das zugefrorene Haff hält sein vor dem Königsberger Schloß ausgestellter Schlitten wach.

Die Härte des Winters, Schnee und lang anhaltender Frost ... Ostpreußens Klima war nie jedermanns Sache. Als sich Friedrich Wilhelm nach einem Platz an der Sonne sehnt, spielen Temperaturen trotzdem keine Rolle. Brandenburg-Preußen will aufs Meer, will Seemacht werden, um wie England oder die Niederlande vom *Welt-Commercio* zu profitieren. Zur Belebung des Handels – hier die Teilnahme am internationalen Gold- und Sklavengeschäft – kommt es zur Gründung einer Kurfürstlich Brandenburgisch-Afrikanischen Kompagnie mit frühem Sitz in Königsberg. An Afrikas Goldküste (im heutigen Ghana) ziehen sie unter Paukenschlägen, Schallmeyen, allen im Gewehr stehenden Soldaten und *»fünff scharf geladenen Stücken«* Brandenburgs roten Adler auf. Da alle Welt den

Großen (Kurfürsten) Friedrich kennt, bzw. kennen lernen sollte – so der Kammerjunker und Gesandte Otto Friedrich von der Groeben –, erhält eine Erhebung den Namen »Großer Friedrichs-Berg«. Dort wird *mit göttlicher Hülfe*, aus Pillau mitgebrachten Steinen und Balken, die *Forteresse* Groß-Friedrichsburg als Handelsstützpunkt gebaut.

Weiße und schwarze Preußen dann in und um Groß-Friedrichsburg, Fort Sophie-Louise und beim Kap der Drei Spitzen, koloniale Gehversuche, Neu-Teutschlands über See. Im Gegenzug real existierende »Mohren« in Preußen, wo sie in brandenburgische Uniformen gesteckt so manchen Riesenwirbel entfachen ... noch 1913 stellen sie in Pillau einen Bronzeabguß Friedrich Wilhelms auf.

Mit »*Doof ist besser als pucklich, des Fritzchen ist beedes*« machte sich der Untertanenspott schon längere Zeit Luft. Friedrich III., der »*Krieg im Westen ohne Politik und im Osten Politik ohne Krieg betrieb*« (der deutsche Denker Gustav Droysen), sah tatsächlich wie ein Verlierer aus. *Pucklich* war er aufgrund einer Verwachsung, doch

doof war er nicht. Das mit der »königlichen Dignität« mochte, wer ihn näher kannte, seiner Eitelkeit zuschreiben. Andere waren ihm ohnehin schon voraus. Sich zur Standeserhöhung eine Krone zu verschaffen, gehörte zu den Zeichen der Zeit. In seinem Fall war es allerdings ein staatsmännisches Meisterstück. Auch dann noch, wenn es selbst seine schöne, durch Griffe zum Schnupftabak bekannte Gemahlin Sophie Charlotte nicht allzu ernst nehmen konnte.

Der »schiefe Fritz« ist Brandenburger, zum Preußen macht er sich selbst. König von Brandenburg hätte Kaiser und römisch-deutsches Reich herausgefordert, König »von« Preußen die über Westpreußen herrschenden Polen verärgert. Preußen – in etwa das, für was später einmal Ostpreußen stand – mußte es sein, da es nicht zum Reich gehörte. König »in« Preußen bot sich als Lösung an, als rechter Kompromiß.

Als sich Friedrich III. am 18. Januar 1701 im Audienzsaal des Königsberger Schlosses die Krone mit den zwei Diamanten aufsetzt, danach auch Sophie Charlotte krönt, geschieht es aus eigener Machtvollkommenheit. Die Bischöfe, die die Salbung in der Schloßkirche vornehmen, der eine reformiert, der andere lutherisch, sind eigens dazu bestellt. Mit dem der Predigt vorangestellten Bibelwort »Wer mich ehrt, den will ich auch ehren« war Friedrich nicht persönlich gemeint. Die Zeremonie brachte dem Fürsten – als König jetzt Friedrich I. – keinen Quadratmeter Boden. Das Spektakel, das sich über drei Monate hinzog, kostete unvorstellbare sechs Millionen Taler, damit mehr, als er trotz Alimentierung durch eine Krönungssteuer vorerst einnehmen konnte. Doof war der »schiefe Fritz« trotzdem nicht, hatte er dem von der Maas bis an die Memel aufgesplitterten Territorienkonglomerat Brandenburg-Preußen mit der Königskrone doch das Band gegeben, das es als Preußen zusammenhalten würde.

Nikolaus Kopernikus. Der Erdbeweger und Sonnenhalter aus Thorns St. Annen-Gasse arbeitet in Heilsbergs bischöflichem Schloß als Sekretär und Leibarzt seines bischöflichen Onkels Lukas Watzenrode

Ostpreußische Bäuerin. Den Grundstock zum Neustamm der Ostpreußen haben Niederdeutsche gelegt, Mitteldeutsche im Ober- und Ermland, die Zusammensetzung kommt einer Liebhaberausgabe ganz Deutschlands, halb Europas gleich.

Wormditt an der Drewenz im Kreis Braunsberg. Bereits 1313 genannt, konzentriert sich die Stadt auf die Rauch- und Schnupftabakfabrikation. 1914 erreicht die russische Armee an Wormditts Peripherie den westlichsten Punkt ihres Vormarsches.

Zur Hebung des Ansehens stiftet Friedrich III./I. den Hohen Orden vom Schwarzen Adler, den – als achtspitziges Kreuz über der linken Schulter getragen – ein achtspitziger Bruststern komplimentiert. Für die Inschrift hält die vom römischen Stoiker Seneca entlehnte Ordensdevise *Suum cuique* (Jedem das Seine) her. Nicht allzu verwegen die Vermutung, daß es der Hohenzoller auch auf sich selbst bezog.

Mit dem Tag der Krönung ist das biblische *Gott mit uns* Wahlspruch des preußischen Königtums. Eines Tages würde es das preußische Staatswappen und das Koppelschloß der deutschen Soldaten zieren.

Preußen frißt mir auf

Die Krönungsfeiern sind kaum vorbei, als in Preußen die Große Pest aus- bricht. Das Hauptamt Insterburg kostet sie 66 000 Personen, das alte Ordensland rund ein Drittel seiner Bevölkerung und über 10 000 Bauernstellen. *»In den meisten Dörfern war nicht eine einzige Seele mehr zu finden. Ja, man reiste wohl etliche Meilen, wo kein lebendiger Mensch anzutreffen war. Der Überlebende erbte alles. Ein Pferd, ein Ochse, eine Kuh galt wenige Groschen, und ein Schwein, Schaf und dergleichen noch weniger. Das Vieh ging gleich den wilden Tieren auf den Feldern und mußte in den kommenden Jahren jämmerlich wegen Mangels an Pflege und Futter umkommen.«*

Der jähe, unbußfertige Tod läßt das Volk zum Himmel blicken, besonders im Nordosten des Landes werden unzählige Pestsäulen und -kapellen errichtet. Nachdem sich die Sterbensluft verzogen hat, ist das einst relativ wohlhabende (Ost)Preußen ein armes Land, sieht sich Friedrich Wilhelm I. zu einem *»Preußen frißt mir auf«* gezwungen.

Gefressen hat es Friedrich Wilhelm I. nicht. Der Puritaner auf dem Königsthron, Europas erster Monarch, der ständig Uniform trägt, setzt rigorose Sparmaßnahmen durch, bringt den Haushalt in Ordnung, verbietet Hexenprozesse, allerdings auch Zeitungen. Seine Vorstellungen von soldatischen Tugenden, Gehorsam und Pflichterfüllung setzen Maßstäbe für das zukünftige Preußentum. Für den Osten von übergroßer Bedeutung ist seine ausgeprägte Siedlungspolitik, das sogenannte »Retablissement«. In ein paar Jahren werden insgesamt 13 Städte und 332 Dörfer gegründet – Pillkallen, Gumbinnen, Ragnit, Tapiau, Darkehmen und Bialla darunter –, sollte jeder vierte (Ost)Preuße außerhalb Preußens geboren sein. Neu zugewandert sind polnische Dissidenten, Nassauer, Hugenotten, Siedler aus Oldenburg, der

Mark, aus Pommern, dem Saar- und Moselland und aus dem Raum Magdeburg. Dann auch Litauer, die den östlichen Landesteil falsche Fährten legend zu »Preußisch-Litauen« machen. Ein neues Element bilden Schweizer, tüchtige Bauern, die für den Waffendienst den heimischen Stutzen im Umzugsgepäck haben.

Im Jahre des Herrn 1732 unterzeichnet Friedrich Wilhelm in Berlin – *»Sehr gut, was Gott dem brandenburgischen Hause für Gnade tut«* und *»Ihr sollets gut haben, Kinder, bey mir gut haben«* – das berühmt gewordene Einladungspatent, womit sich die vom geistlichen wie weltlichen Fürsten Firmian aus dem Land Salzburg verwiesenen Protestanten aus christköniglichem Erbarmen in Preußen niederlassen können. Schon im Mai 1732 treffen die ersten Alpenländler in Königsberg ein, bis November 1733 folgen weitere 65 Segler. Die rund 15 000 Salzburger werden in die von der Pest entvölkerten Landstriche

Frauenburg. In der alten Bischofsstadt am Frischen Haff lebte Nikolaus Kopernikus, hier machte er seine Entdeckung, die die Erde aus dem Mittelpunkt des Weltalls nimmt und an dessen Peripherie führt.

*Regina Protmann (1552–
1613). 1571 stiftet die Tochter
einer Braunsberger Bürger-
familie die Kongregation der
Schwestern von der hl. Kat-
harina, die sich der Krankenpflege und der Mädchen-
erziehung verschreibt. 1999
wird Regina Protmann von
Papst Johannes Paul II. selig
gesprochen.*

geführt, wo sie als preußische Untertanen vorerst bleiben, was sie in der Vorheimat gewesen sind: Der Bauer erhält
Grundbesitz, sein Knecht, seine Mägde
von gestern gehen ihm auch hier zur
Hand. Der Handwerker wird in der
Stadt untergebracht.

Die kernigen Salzburger, die Moos-
egger, Oberpichler, Steinbacher, Vier-
leitner oder Lottermoser heißen können, haben es aufgrund ihres süddeut-
schen Temperaments nicht immer
leicht, sich im preußisch-straffen Reglement ein-, dann auch unterzuord-
nen. Den als *Gniejke* (Geizhals) bekannten König sollte die Peuplierung
satte sechs Millionen Taler kosten.
Doch Umzug und Anlage verzinsen
sich schnell. Mit den Gebirglern im
Flachland blühen die verlassenen
Pesthöfe wieder auf, hebt sich der Kulturstand dank moderner Wirtschaftsformen, was der Rügener Ernst Moritz
Arndt einmal thematisiert: *»Es ist ein
prächtiges deutsches Volk, die Preußen,
besonders die Ostpreußen, vor allem alles, was davon aus dem Lande Salzburg
stammt!«*

Salzburger Heimstätten liegen bald
konzentriert zwischen Inster und
Goldap, ziehen sich bis nach Tilsit hin.

Zum Problem der Volksgruppe würde
werden, daß sie sich auf breitem Raum
zersiedelt. Ohne das geschlossene Dorf
oder Habitat geht sie in ihren Nachbar-
schaften auf und weitgehend unter, so
daß innerhalb der nächsten zwei Jahrhunderte rund ein Drittel aller Ostpreußen zumindest einen Salzburger in
der Ahnengalerie hat.

Über das preußische Siedlungswerk
seines Vaters schreibt Friedrich »der
Große«: *»Der König hat im Anfang seiner Regierung dort zwölf oder fünfzehn
entvölkerte Städte, vier- oder fünfhun-
dert wüste Dörfer, ein verkommenes
Land gefunden; nun hat Preußisch-
Litauen über eine halbe Million Einwohner, mehr Städte als früher, größere Herden; der Handel blüht aufs Neue, das
Land ist bestellt, reicher und fruchtbarer
als irgend eine Gegend Deutschlands,
und alles das verdankt man allein dem
König.«*

Auf- und Umschwung der Epoche
symbolisieren Geistesgrößen, die das
preußische Wesen, die Schärfe des Ver-
stands und Tiefe des Gefühls repräsen-
tieren. Was als Königsberger Jahrhundert in die Geschichte eingeht, sieht
den schulmeisterlichen Schriftgelehr-
ten Gottsched mit phantasielosem Realismus am Kernhumor der Deutschen
rütteln, während das Dreigestirn Kant,
Hamann und Herder dem geistigen
Profil der Landschaft zu Weltgeltung
verhilft. In Königsberg leben/aus Königsberg kommen Theodor Gottlieb
von Hippel, Zacharias Werner und
E.T.A. Hoffmann ...

Friedrich II. hat vom bis zur Grau-
samkeit strengen Vater einen Staatsschatz von 8,7 Millionen Taler geerbt.
Dazu ein schlagkräftiges Heer von
83 468 Mann, das mit eisernem Lade-
stock und gleichem Gewehrkaliber unter dem sattsam bekannten alten Des-
sauer (*»So leben wir, so leben wir, so leben wir alle Tage«*) bereits den revolu-
tionären, typisch preußischen Exerzier-
schritt übt. Beides legt er in den im
Prinzip gesamteuropäischen Schlesi-
schen Kriegen gegen überlegene Allian-

zen gewinnbringend an. Als der gerade einmal 1,63 m messende große Friedrich stirbt, hat er Preußen in die Rolle der europäischen Großmacht geführt. Der Hohenzollernstaat verfügt über ein Heer von 240 000 Mann und einen Staatsschatz von 60 bis 70 Talermillionen. Im Strandgut der Geschichte hat sich mit Hilfe drakonisch operierender Dragoner die ungeliebte Knolle Kartoffel als Massennahrungsmittel durchgesetzt, was die restliche deutsche Welt von Preuß'n, Preiß'n oder *Kartoffelfressern* reden läßt.

Im Siebenjährigen Krieg, der russische *Ivans* gegen deutsche *Fritzen* hetzt, zwingt die ehrenvolle Niederlage von Groß-Jägersdorf (westl. von Insterburg) dem greisen Feldmarschall Hans von Lehwaldt die Räumung (Ost)Preußens auf. Das Land gerät in Russenhand, sollte in ihr rund dreieinhalb Jahre bleiben. Aus Königsberg war zu Kriegsbeginn mit 90 000 Talern die erste Kriegsanleihe der deutschen Geschichte gekommen, Friedrich würde es den preußischen Untertanen im Osten trotzdem nie verzeihen, daß sie ausgerechnet an seinem 46. Geburtstag Rußlands Zarin Elisabeth den Huldigungseid leisteten. Die hatte er noch kurz zuvor eine »gekrönte Hure« genannt. (Ostpreußens Adel, mit Blick auf die polnische Adelsrepublik nur unwillig im absoluten Königsstaat, verachtete er ohnehin, eine Krönung in Königsberg hatte er abgelehnt.)

Nach der »Russenzeit« – Feldmarschall Fermor und Nachfolger von Korff residieren im Königsberger Schloß – boykottiert Fridericus Rex Preußens fernen Osten dann auch nachhaltig, Revuen ostpreußischer Militärs nimmt er in Westpreußen ab. Ganz konsequent ist der erste Diener seines Staates trotzdem nicht: Als es darum geht, den geeigneten Hofkapellmeister für die Berliner Residenz zu finden, fällt Friedrichs Wahl auf Johann Reichardt. Der Komponist, dem die Nachwelt so Vertrautes wie »Wenn ich ein Vöglein wär« oder »Schlaf Kindchen schlaf« verdankt, ist gebürtiger Königsberger.

Boß (Ärger) hat der König auch mit Friedrich von der Trenck aus stammpreußischem Geschlecht. Der Ordonanzoffizier, bei Hof wegen eines Techtelmechtels mit Friedrichs Schwester Amalie in Ungnade gefallen, reitet nach der Entlassung aus Glatzer Festungshaft ausgerechnet für Maria Theresia aus dem Hause Habsburg (*»Diese Dame wünscht den Krieg, und sie soll ihn bald haben«*). Den ganz großen Fehler begeht der Königsberger, als er sich in

Friedrich II., König von Preußen und »Stiefvater Ostpreußens« (nach einem Gemälde von Antoine Pesne).

Braunsberg an der Passarge. Fernhandelsplatz des Ermlandes und Mitglied der Hanse, kommt Braunsberg durch Polens erste Teilung zu Preußen.

*Heiligenbeil an der Jarft.
Die Stadt der »Heiligenbeiler
Spielzeugbüchse« wird für
ihre Drechslerwaren ge-
rühmt. Bild unten: Fritz
Dieck, Heiligenbeils letzter
Drechslermeister an seinem
Arbeitsplatz.*

*Der letzte Drechselmeister
von Heiligenbeil, Fritz Dieck.*

den letzten Tagen der Revolution in Paris sehen läßt. Dort endet er ziemlich ruhmlos im Hinrichtungsgerät.

Polens Untergang findet in Raten statt. 1772 nimmt sich Friedrich – »Genehmigt, weil so viele große und gelehrte Männer es wollen« – Pommerellen und Kulm, dazu die rein deutsch besiedelte Woiwodschaft Marienburg und das Fürstbistum Ermland. Gustav Freytag, Schlesiens Schriftsteller des Realismus, sollte Friedrich dafür loben, daß er das neugewonnene Westpreußen *»wegen der verlotterten Zustände, die er dort vorfand, zu seinem Lieblingskind machte, das er mit unendlicher Sorge wie eine treue Mutter wusch und bürstete, neu bekleidete, zur Schule und Ordnung zwang und immer im Auge behielt«.*

Die Polen machen in Friedrichs Griff, der dem geographisch abgesplitterten (Ost)Preußen die Landverbindung nach Pommern öffnet, eines der großen weltgeschichtlichen Verbrechen aus. Der Monarch, der sich endlich Kö-

nig »von« Preußen nennen kann, hält sich politisch gedeckt: *»Ich weiß, daß man in Europa allgemein glaubt, die Teilung Polens sei eine Folge politischer Intrigen; das ist jedoch unwahr. Nachdem vergeblich alle möglichen anderen Versöhnungswege vorgeschlagen waren, mußte man zur Teilung schreiten als dem einzigen Mittel, einen allgemeinen Krieg zu verhindern.«* Was immer dann die Voraussetzungen waren, die Teilung hatte ihn, militärisch gesehen, mit fünf neuen Infanterieregimentern, einem Kavallerieregiment, mit Artillerie und Garnisonstruppen verstärkt. Die Marienburg, des Kontinents mächtigste Burganlage, läßt er zur Kaserne umfunktionieren.

1773 sind die Verwaltungsbezeichnungen Ost- und Westpreußen aufgekommen, was Preußen fehlt, wonach sich Preußen sehnen, sind die Edelsteine Danzig und Thorn in ihrer Krone. Besonders Thorn, das mit der Teilung dem preußischen und polnischen Zoll unterliegt, fühlt sich geknebelt. Der Bürger sucht den Anschluß an Preußen, der Rat an Rußland, was zum schlichten Notschrei führt: »*Wir armen Bürger leiden große Not,/Der Rat, der macht uns alle tot./Oh Friedrich Wilhelm, komm zur rechten Zeit,/Erlös uns von der Ungerechtigkeit.*« Friedrich Wilhelm II., wegen seiner Körperfülle der dicke Willem, aufgrund seiner Affären »der Vielgeliebte« genannt, erhört den Ruf. Der ansonsten voll aus der Familiennorm fallende Hohenzollernsproß, der mit viel Gefühl fürs Schöne und die Schönen das galante Zeitalter für Preußen nachholt, kommt gerade noch zur rechten Zeit.

Zynisch den Gesetzen des Imperialismus gehorchend, wird Polen 1793 zum zweiten Mal geteilt. Der Staat der Hohenzollern schluckt »Südpreußen« (Westmasowien mit Plock, Großpolen und das östliche Kujavien) und dazu Danzig und Thorn, womit sich Friedrichs II. Vision erfüllt: »*Polnisch-Westpreußen trennt Pommern von Ostpreußen, und hindert, dieses zu behaupten. Ich halte es für angebracht, diese Provinz, Polnisch-Preußen und Danzig*

zu gewinnen.« Lediglich der Zeitplan war etwas durcheinander geraten.

Durch eine erneute Teilung ihres Restgebiets aus der Liste der europäischen Staaten gestrichen, sind alle Polen jetzt Untertanen Rußlands, Österreichs und Preußens. Der feudale Hohenzollernstaat hat sich »Neu-Ostpreußen« (Restmasowien mit Warschau) genommen, zum reaktionären Rußland zählen Kurland und Litauen, zum patriarchalischen Österreich Krakau.

Heinrich Heine, als Lyriker aufgrund seiner scharfen Ironie gefürchtet, notiert 1823 während einer Reise durch das stille, weite Preußisch-Polen, daß »*die polnischen Dörfer hier den wohl traurigsten Anblick geben, der polnische Bauer jedoch mehr Verstand und Gefühl hat als der deutsche Bauer in manchen Ländern ... Vaterlandsliebe ist ihm das große Gefühl, worin alle anderen Gefühle wie der Strom in das Weltmeer fließen.*«

Polen, die nicht germanisiert werden wollen, wandern ins Ausland ab, Deutsche rücken als Neusiedler nach. Adam Mickiewicz, der große Dichter der Romantik, als glühender Patriot Symbol-

Faschingsreim
aus dem Samland

Oek säh een Schornsteen rooke,
Da käm oeck her geloppe.
Oeck säch op eene lange Dösch,
Wat darop Gebacknes öß,
Nuscht als Fastelawendskoke.
Gewe se mi een, denn bliew oeck stahn;
Gewe se mi twei, denn warr oeck gahn,
Gewe se mi drei togliek,
Kaame se önt Hömmelriek!
Warre se mi nuscht gewe,
Warre se nich langl ewe;
Warre se mi wat gewe,
Warre se recht lang lewe.

Der Seedienstbahnhof in Pillau. Mit der Behinderung des Personenverkehrs durch den Korridor, schafft der Seedienst Ostpreußen schon 1920 die von Polen unabhängige Verbindung zwischen Pillau und Swinemünde.

figur polnischer Nationalisten, warnt: »*Das polnische Volk ist nicht gestorben; sein Leib liegt im Grab, und seine Seele hat die Erde, das öffentliche Leben verlassen, um hinabzusteigen zum Abgrund, das ist zum häuslichen Leben der Völker, die Knechtschaft leiden daheim und in der Ferne, um ihre Leiden zu sehen. Und am dritten Tag wird die Seele in den Leib zurückkehren, und das Volk wird auferstehen, und es wird alle Völker Europas aus der Knechtschaft befreien.*«

Die politische Konstellation begünstigt die Versetzung E.T.A. Hoffmanns aus Königsbergs Französischer Straße an das Obergericht im nunmehr preußischen Warschau. Ihn ordnet Stefan Zweig einmal jener Dichter- und Phantastengilde zu, die am Leben, das sie quält, die schönste Rache nimmt, in dem sie ihm farbigere, vielfältigere Formen zeigt, als sie die Wirklichkeit erreicht. Im künstlerischen Leben Warschaus spielt E.T.A. Hoffmann bis zum Einmarsch der Franzosen bedeutende Rollen.

An der Samlandküste. Im Küstenbereich zwischen Tenkitten und dem Dünengebiet von Cranz, einem der schönsten Landstriche Ostpreußens, locken Badeorte wie Klein- und Groß-Kuhren, Neukuhren, Warnicken und die Samland-Perle Rauschen.

Gott mit uns! Feldgeschrei: Friedrich

Im Westen hat sich in empfundener Nachfolge Karls des Großen Napoleon als erblicher Kaiser der Franzosen etabliert, sein außenpolitischer Expansionsdrang zwingt Preußen zur Kriegserklärung. Der preußisch-sächsisch-braunschweigischen 120 000-Mann Armee stellt der Korse 200 000 Mann, darunter badische, württembergische und bayrische Kontingente entgegen. Die erste Demütigung erleidet das noch mit friderizianischer Lineartaktik operierende, innerlich veraltete preußische Hauptheer auf den thüringischen Schlachtfeldern bei Jena und Auerstedt. Als ganze Armeekorps dort die Waffen strecken, sind Preußens Soldaten, die bei Fehrbellin, Hohenfriedberg oder Leuthen einst glänzende Siege errangen, keinen Schuß Pulver mehr wert.

Bernsteinfischer im Samland. An Ostpreußens Küste fischen und schöpfen die Strandbewohner den Bernstein aus der See. Das fossile Harz, das leichter ist als Wasser, wird besonders häufig an der Westküste des Samlands angeschwemmt.

»An einem einzigen Tag hat das Schicksal das Gebäude zerstört, an dem große Männer zwei Jahrhunderte arbeiteten« (die von den Preußen wie eine Heilige verehrte Königin Luise). Ein recht bläßlicher Friedrich Wilhelm III. sieht sich gezwungen, mit Königshof und Ministern ins ostpreußische Memel zu fliehen, wofür der gemeine Mann auf der Straße ein spöttisches »Unser Dämel sitzt in Memel« hat. Ein Dämel ist ein Dummkopf, nicht grundlos wird Friedrich Wilhelm häufig nur »der Mann der Königin Luise« genannt.

Die winterliche Flucht des Königshofs an den äußersten Rand der deutschen Welt rückt die Kurische Nehrung, den schmalen Landstreifen zwischen Haff und See, ins Licht der Öffentlichkeit. Gibt es doch nichts, das den Niedergang der Monarchie besser illustrierte, als das von Königin Luise mit dem Ringdiamanten in die Fensterscheibe eines Niddener Fischerhauses geritzte tagesaktuelle Goethewort: »Wer nie sein Brot mit Tränen aß, / wer nie in kummervollen Nächten / auf seinem Bette weinend saß, / der kennt euch nicht, ihr himmlischen Mächte.« Napoleon, der die schöne Luise gerne mit der schönen Helena verglich (auch sie habe ihrem Land die Zerstörung gebracht), reitet dem Königspaar hinterher. Den Winter verbringt er bevorzugt mit der attraktiven Maria Waleska im idyllischen Dohnaischen Schloß zu Finkenstein.

In der sehr blutigen Schlacht bei Preußisch-Eylau fällt der erste französische Adler in Preußenhand, steht der Imperator, der die Kampfhandlungen aus dem Geäst einer Kiefer verfolgt haben soll, am Rande einer Niederlage. Doch der »unglückliche Krieg« endet mit einem unglücklichen Patt, was die arg gebeutelten Preußen und Russen zu einem »unverbrüchlichen Bündnis« zwingt. Das sollte bis zur Schlacht bei Friedland an der unteren Alle reichen, dort ist Napoleon unbestrittener Sieger. Nach Friedland wird Königsberg, das 12 000 Verwundete zu versorgen hat, von den Franzosen besetzt.

Im Juni 1807 schließen auf dem neutralen Boden eines Memelfloßes Zar Alexander und Napoleon jenes Übereinkommen, das zum (Diktat)Frieden von Tilsit führt. Königin Luise, die laut Zeitgenossen weiblichste Frau Preußens, sieht Napoleon, den männlichsten Mann Europas: »Es wäre Lästerung zu sagen, Gott sei mit ihm, aber offenbar ist er ein Werkzeug in des Allmächtigen Hand, um das Alte, welches kein Leben mehr hat, das aber mit den Außendingen fest verwachsen ist, zu begraben ... Dabei ist er ohne Mäßigung,

Friedrich Wilhelm III. (1770–1840): Nicht ganz ohne Grund wird der Preußenkönig häufig nur »der Mann der Königin Luise« genannt.

Werbung aus Nidden, Nehrungsdorf: Die Nehrung hat als Heerstraße gedient, sie war Poststraße, bot sich dem Reise- und Fremdenverkehr an, wofür man Krüge wie in Nidden, Rossitten oder Sandkrug baute.

Nehrungsdorf. Deutschlands äußerster Norden.

und wer nicht Maßhalten kann, verliert das Gleichgewicht und fällt. Ich glaube fest an Gott und eine sittliche Weltordnung.«

Mit dem Verzicht auf rund die Hälfte des preußischen Staatsgebiets ist die Hohenzollern-Monarchie auf ihren Kernbestand Brandenburg, Schlesien, Ostpreußen und Pommern reduziert, das Werk Friedrichs des Großen *»bis zu seiner Gruft vernichtet«* (Arndt). Die berüchtigte Kontinentalsperre zur Unterbindung der englischen Handelsbeziehungen mit dem Festland, mit der Napoleon das hartnäckige Großbritannien auf die Knie zwingen will, trifft Ostpreußen besonders schwer. Die Ostmark muß acht Millionen Franc Kontributionen aufbringen, aus Erwerbungen der polnischen Teilung stellt Europas Kartograph das Großherzogtum Warschau zusammen. Preußen droht die Bedeutungslosigkeit, das Schicksal Polens.

Die Rückkehr des Hofes und seiner Minister aus Memel erhebt Königsberg flüchtig zur Hauptstadt Preußens. Der romantisch-sentimentale Tilsiter Max von Schenkendorf (»Freiheit, die ich meine«, »Wenn alle untreu werden«), königlich-preußischer Leutnant im Regiment von Kuckels und Lyriker der Freiheitskriege, umschmeichelt die Königin mit dem Gedicht »Rose, schöne Königrose«. Luise selbst schreibt ihrem Vater, dem Herzog von Mecklenburg-Strelitz, daß es in der Pregelstadt jetzt *»schrecklich sei wegen der leidenden Menschen, die überall nicht gehen, sondern kriechen. Doch die gute Jahreszeit, der Patriotismus, der sich mit der erwachenden Natur in jedes Preußen Blut wieder einfindet ... belebt mit neuen Hoffnungen«.*

Preußen war ohne Reformen und profilstarke Reformer nicht mehr zu denken. Nach dem Zusammenbruch zieht es Patrioten wie Wilhelm von Humboldt, Hardenberg, Gneisenau, Scharnhorst, Clausewitz, Boyen, Grolmann und Bülow nach Königsberg. In Begleitung des von Napoleon geächteten Freiherrn vom Stein tritt der geistig-publizistische Widerständler Ernst

Moritz Arndt hier auf. Seine Frage nach des Deutschen Vaterland und strophenselige Totschlagslyrik würde bald eine ähnliche Wirkung zeigen wie der Säbel des Fürsten Blücher.

Die Katastrophe hat Preußens alte Ordnungen verdrängt, Ideen und Ideologien mobilisiert. Der von den Lehren Kants, Hamanns und Herders inspirierte Geist der Zeit erzwingt militärische und politische Veränderungen. In Königsberg gründen fortschrittliche, liberal gesinnte Edelleute den sittlich-wissenschaftlichen Verein Tugendbund, im Mitgliederkreis so erklärte Korsengegner wie der Prinz von Hohenzollern-Hechingen, der Freiherr von Schrötter, Obristleutnant von Putlitz, Hauptmann von Knobelsdorf, Leutnant von Knackfuß und der Volksheld Ferdinand von Schill. Als Zielsetzung gelten Volkserziehung, Heeresreform, die Verbreitung liberaler und nationaler Ideen und das Abschütteln des französischen Jochs.

Aus Ostpreußen kommen die Anregungen für die Reformen von Gesellschaft und Staat, die die Grundlagen für ein neues Preußen bilden. Die Heeresreform erzwingt die Volksbewaffnung, die Abschaffung ständischer Vorrechte und das Verbot der Prügelstrafe, im Volksmund »Freiheit der Rücken« oder »Rückenfreiheit« genannt. Das Reformwerk mag offiziell dann andere Namen tragen, doch Ostpreußen wie Heinrich Theodor von Schön (Kantschüler, Mitarbeiter Steins), Johann Gottfried Frey (Kantschüler, Städteordnung) oder Hermann von Boyen (Kantschüler, Heeresreform) waren maßgeblich daran beteiligt.

Der Bürger ist jetzt berechtigt, in den Bauernstand, der Bauer, in den Bürgerstand zu treten, den an patriarchalische Verhältnisse gewohnten Bauern läßt man Zeit, sich an reformerische Pinselstriche zu gewöhnen. Der Gutsbesitzer bleibt vorerst der gnädige Herr, als die Marienburger 1884 das Gesindeverhältnis neu zu Papier bringen, heißt es dort: »*Der Besitzer oder Wirt mit Familie*

wird angeredet göns'ger Herr, göns'ge Fruke, Fräuleinke. Die Rangstufen des Gesindes sind: Klein-Jung, Groß-Jung, Klein-Loser, Groß-Loser, Kutscher, Futtrack [Pferdewärter], Kuhfüttrer und Knecht als oberste Stufe. Auf der weiblichen Seite Jungmädchen, Köchin, Lahksche, Wirtschafterin, die in den Stuben – hier Buterschte genannt – und Küche (Bonnerschte) wirken.«

Am Riesenfeldzug der Grande Armée gen Moskau nimmt nahezu ganz Europa teil. Preußen stellt für das Schutz- und Trutzbündnis mit dem Korsen ein 30 000 Mann starkes Hilfskorps unter Generallieutnant Yorck von Wartenburg, Ostpreußen ist Durchzugsland. »*Mit Mann und Ross und Wagen/hatt' sie der Russ geschlagen*«, durch Moskaus Brand und Rußlands Winter forciert, quält sich das Invasionsheer zurück. Arndts »*Gott, der Eisen wachsen ließ (der wollte keine*

Haff-Fischer bei Nidden. Die Menschen der Nehrung leben die längste Zeit vom Fischfang, der bis tief ins Festland hinein angeboten wird. Für den Tourismus werden Orte wie Nidden oder Schwarzort erst um 1900 entdeckt.

Kurische Keitelkähne am Haff, unter dem holzgeschnitzten Wimpel, der den Heimathafen erkennen läßt, das zum Trocknen aufgehängte Fischernetz.

Knechte)« ruft zum Aufstand gegen alles Welsche, gegen die Kauderwelsch sprechende Fremdherrschaft.

Yorck von Wartenburg, der die Nachhut des Korps MacDonald decken soll, schließt in der Windmühle von Poscherun mit dem nachrückenden Karl (Iwan Iwanowitsch) Diebitsch die Konvention von Tauroggen, die Preußens Hilfskorps neutralisiert, de facto jedoch zum Verbündeten Rußlands macht. Sechs Tage später rücken die Russen in Königsberg ein, wo Napoleon um die 10 000 Verwundete zurückgelassen hat. Yorcks Preußen besetzen – »*Parole ist Gott mit uns! Feldgeschrei: Friedrich*« – die Linie Tilsit-Kurisches Haff und rücken von dort gegen Elbing und Marienburg vor.

Mit dem berühmten, von Theodor Gottlieb von Hippel d. J. verfaßten Auf-

ruf Friedrich Wilhelms »An mein Volk« bittet ein absoluter Herrscher zum ersten Mal um die Opferbereitschaft seiner Untertanen, wird die gedemütigte Nation vor die Wahl zwischen einem ehrenvollen Frieden und dem ruhmvollen Untergang gestellt. Die am Geburtstag der verstorbenen Königin Luise gestiftete, von Schinkel entworfene Tapferkeitsauszeichnung vom Eisernen Kreuz erinnert an das schwarze Kreuz auf weißem Mantel der Ordensritter.

Es ist der Kampf, »*wo jeder Franzmann heißet Feind, wo jeder Deutsche heißet Freund*« (Arndt), in dem sich die deutsche Nation bildet. Es sind die Kriege gegen den Nationalfeind Frankreich, die zur Neuentdeckung des Deutschen Ritterordens führen, Max von Schenkendorf jetzt den Reim entlocken: »*War das alte Kreuz von Wol-*

len,/eisern ist das neue Bild,/anzudeutschen, was wir sollen,/was der Männer Herzen füllt.«

Die Geschichten zur Geschichte zeugen vom Heldentum der Befreiungskriege. Eine davon stellt das 3. Ostpreußische Landwehr-Infanterie-Regiment und den Wahl-Königsberger Major Friccius besonders heraus. Das Regiment der Königsberger Bataillone hat während der Völkerschlacht Leipzigs Mauer überwunden, ist als Sturmspitze allen voran in die Stadt eingedrungen.

Karl Friedrich Friccius, bei Danzigs Belagerung und Neufahrwassers Verteidigung dabei, danach Oberlandesgerichtsrat in Königsberg, hatte mit seinen Preußen bei Großbeeren und Dennewitz gefochten. Vor Leipzig entdeckte er – *»Mein Pferd erhielt eine Kugel in die Kinnlade und war nicht mehr zu bändigen, ich mußte nun den Dienst zu Fuße fortsetzen«* – eine Schwachstelle in der Mauer zwischen dem äußeren Grimmaischem Tor und dem Armenhaus: *»Die Truppen, welche also gegen das Tor anrückten, erhielten von vorne und von beiden Seiten ein nahes, starkes Feuer ... ich ergriff das Gewehr des nächsten Landwehrmannes und stieß mit der Kolbe die dünne Mauer ein. Sie stürzte schnell zusammen, da mehrere Landwehrmänner kräftig dabei halfen.«*

Friccius, der der Nachwelt *»Die Geschichte des Krieges unter besonderer Berücksichtigung Ostpreußens und des Königsberger Landwehrbataillons«* hinterlassen hat, und seinen Preußen wird 1863 in Leipzigs Täubchenweg das Denkmal gesetzt ...

«Jeder Eingeborene, sobald er das 20. Lebensjahr vollendet hat, ist zur Verteidigung des Vaterlandes verpflichtet« ... während Kreuzburgs Hermann von Boyen das Gesetz erläutert, das in Preußen die allgemeine Wehrpflicht einführt, wird auf dem Wiener Kongreß getanzt (Quelle: ein Ufa-Film von 1931 mit einer Filmmusik von Werner Heymann, Königsberg), nebenbei der Versuch unternommen, Europas Angelegenheiten zu ordnen. Boyens Wehr-

pflicht wird richtungweisend für viele Staaten der Welt, die in Wien unterzeichnete Bundesakte konstituiert mit dem Deutschen Bund unter Führung Metternichs ein permanentes Gesandtentreffen. Danzig und Thorn, das Kulmerland und die Landschaft Michelau kehren in den Staat der Hohenzollern zurück, die im Volkskrieg gegen Napoleon erhoffte Einheit der deutschen Nation bleibt Utopie.

»Es stürmt, es kracht, es blitze wild darein:/Ich bin ein Preuße, will ein Preuße sein«? Ein zu schwaches Preußen hätte ein Vakuum erzeugt, ein zu starkes das angestrebte Gleichgewicht gestört, doch längst nicht jeder hält die Regelung für geglückt, wie bei Umwälzungen dieser Größenordnung auch nicht anders zu erwarten. Unter jenen etwa, die Danzig jetzt fluchtartig verlassen, ist die Familie des Philosophen Arthur Schopenhauer. Die kann sich, republikanisch gesinnt, einfach nicht vorstellen, unter Preußen wirklich preußisch zu leben.

Europa hat Frieden, was darüber hinwegtäuscht, daß seine inneren Spannungen wachsen. Die Pariser Juli-

Gesichter der Kurischen Nehrung. Der Landstreifen zwischen Strand- und Ostsee hat im Lauf der Zeit einen ureigenen Menschenschlag hervorgebracht. Hier wohnen Deutsche und Litauer mit Resten des Kurenvolks zusammen. Hier dreht sich in Friedenszeiten (fast) alles um den Fisch.

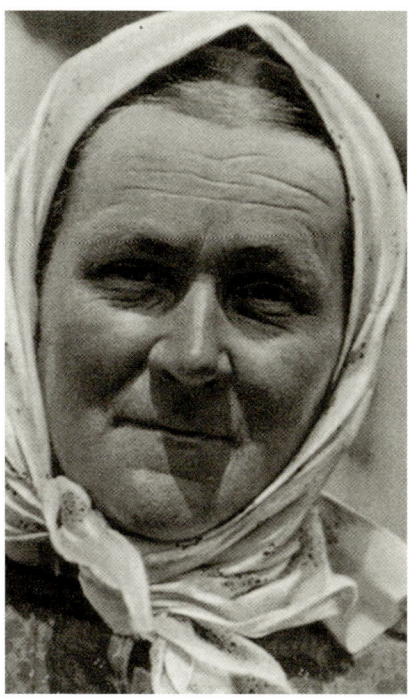

Bäuerin vor ihrem Haus auf der Kurischen Nehrung. Die Siedlungen der Nehrung liegen auf Dämmen der Haffseite, da sich nur dort ein einigermaßen ertragreicher Boden finden läßt.

revolution gibt nationalen und liberalen Bewegungen Auftrieb, die Revolution der französischen Arbeiter und Kleinbürger springt als Zündfunke auch auf Deutschland über. Die in Frankfurts Paulskirche zusammengetretene Nationalversammlung macht Eduard Martin von Simson zu ihrem Präsidenten. Als der Königsberger König Friedrich Wilhelm IV. – *»der wiederholt den warmen Herzschlag für die deutsche Sache sein kostbarstes mütterliches Erbe nannte«* – die Kaiserkrone anbietet, weist sie dieser als »Schweinekrone« und »Reif aus Dreck und Letten« zurück. Königsbergs Johann Jacoby, der Berlin in Frankfurt vertritt, bleibt dem Souverän die Antwort darauf nicht schuldig: *»Das ist das Unglück der Könige, daß sie die Wahrheit nicht hören wollen.«*

Bürger lümmeln sich Parolen skandierend auf den Barrikaden herum, doch noch einmal siegen die alten

Mächte, die zahlreichen Dynastien mit ihren Fürsten und Militärs, die Zensoren und der grundbesitzende Adel. »Blut und Eisen« regeln die Fragen der Zeit, machen den Volksbeschluß zu Makulatur. Als der Zarenhof Polenaufstände brutal unterdrückt, schlägt ein Sturm der Entrüstung aus Resteuropa zurück. Der sogenannte Polenfimmel macht die Wiederherstellung eines unabhängigen Polens zur moralischen Pflicht und gerade das preußische Bürgertum engagiert sich für die als Märtyrer angeschwärmten, romantischen Verlierer.

Der Dichter August Graf von Platen wettert, voll der kühnen Gedanken der Romantik, gegen »russische Dschingiskhane«, Richard Wagner steuert dem Zeitgeschehen die Polonia-Ouvertüre bei. Ferdinand Gregorovius, Schriftsteller aus masurischer Advokatenfamilie, faßt die »Idee des Polentums« zusammen, gibt polnische Lieder heraus. Als beim Hambacher Fest mit Jósef Wybickis Kampflied »Noch ist Polen nicht verloren« das Symbol polnischer Wiedergeburt erklingt, weht Weiß-Rot zusammen mit Schwarz-Rot-Gold.

Als sich Wilhelm I. im Oktober 1861 in Königsberg krönen läßt, ist seine Monarchie neben Österreich die einzige Großmacht, die Anspruch auf die Führung der deutschen Staaten legen kann, Preußens Vormachtstellung besiegelt der Deutsche Krieg. Die entscheidende Schlacht bei Königgrätz – *»Was haben Sie für den Fall des Rückzugs beschlossen?«* (Bismarck) ... *»Hier wird nicht zurückgegangen, hier geht es um Preußen«* (Moltke) – hat Generalfeldmarschall Helmuth Graf von Moltke mit Hilfe getrennt marschierender, vereint schlagender Preußen und dem waffentechnisch überlegenen Zündnadelgewehr gewonnen.

Im Böhmischen konnte sich Königsbergs Königlich Preußisches Infanterie-Regiment 43 mit dem Paukenwagen des k. k. Infanterie-Regiments Karl Salvator von Toscana Nr. 77 ein rechtes

Souvenier erkämpfen. Wagen und Pauke begleiten die Truppe an den Pregel zurück, zwei Bernhardiner verleiht der Einheit König Wilhelm I. gleich »für ewige Zeiten«. Tatsächlich können die Zughunde, die entweder Pascha oder Sultan heißen, vom Gefreiten zum Feldwebel aufsteigen, das entsprechende Rangabzeichen wird ans Halsband gesteckt. In der Schlacht bei Tannenberg (jener von 1914) rettet der heldenhafte Einsatz eines Feldwebels den Paukenwagen vor den Russen. Bei der Aufstellung der Reichswehr ist er ebenso dabei wie beim Polenfeldzug des am Pregel stationierten III. Bataillons des Infanterie-Regiments 1 (auch: »Regiment Hund«) ... 1945 erschoß der Hundeführer zuerst die Bernhardiner, dann sich selbst.

Mit der Reichsgründung von 1871 – wieder war es von Simson gewesen, der dem König den Volkswunsch nach einem Kaiser vortrug –, geht die Sonderstellung Ost- und Westpreußens zu Ende. Das »verpreußte« alte Ordensland »verreicht«. Es stellt weiterhin politische und militärische Eliten, hält mit der Industrialisierung aufgrund seiner hergebrachten Agrarwirtschaft jedoch nicht Schritt. Seine Menschen wandern, vom Pulsschlag von Kohle und Stahl angelockt, in das Ruhrgebiet des Gründer-Booms. Es ist Preußens Wilder Westen, der die Landflucht aus dem Osten schürt. Besonders die Ermländer gehen jetzt, wenn sie gehen, tatsächlich viel lieber in weit entfernte katholische Gegenden als in die unmittelbare, jedoch protestantische Nachbarschaft.

Willy der Kaiser und Nicky der Zar

»*Laßt die Preußenfahne fliegen,/ Schwarz und Weiß wird immer siegen!*«: Vor dem ersten großen Weltbrand zählt Deutschlands Wacht im Osten militärisch zum 1. Armeekorps, ausgenommen davon die Kreise Neidenburg und Osterode (im 17. Korps). In Königsberg liegt eine der stärksten Garni-

Generalfeldmarschall Helmuth Graf von Moltke, der Sieger von Königgrätz.

Ostpreußens große Forsten liefern Stamm- und Grubenholz für das Restreich und den Export

sonen des Reiches, Arys hat als kleinste Stadt Masurens den größten Truppenübungsplatz. Tilsit ist Rekrutierungsbezirk des Dragoner-Regiments Prinz Albrecht von Preußen Nr. 1, das sich unter dem »tollen Platen« in den Befreiungskriegen ausgezeichnet hatte, jetzt für den Ernstfall das bestberittene Kavallerie-Regiment Deutschlands stellt. 1907 besucht der leichte Kreuzer »Königsberg« – Taufspruch: »*Biet dem Feinde Trotz,/ Sei dem Vaterlande Schutz/ Und treu bis zum Tod/ in Kampf und Not.*« – die Patenstadt, 1910 kommt es in Devau mit militärischem Gepränge und Tschingdarassabum zu einem letzten Kaisermanöver.

Wilhelm II. sagt den Menschen zwischen Thorn und Memel vollmundig zu, daß im Falle eines Waffengangs selbst »die Laus eines Kossaken« keine Chance habe, die Ostgrenze zu passieren. Die echte Sicherungslinie hat das Reich allerdings erst an der Weichsel errichtet. Nach Ausbruch des in kaiserlicher Propaganda verheißenen frisch-

fröhlichen Kriegs ist das mit der Laus dann auch schnell vergessen.

»*Weltpolitik als Aufgabe, Weltmacht als Ziel, hurra, hurra, hurra*«: Die 1. Russische (Njemen-)Armee/ General Paul von Rennenkampf marschiert vom Osten her in Richtung Alle-Deime, die 2. Russische (Narew-)Armee/ General Alexander Samsonow vom Süden her zur Masurischen Seenkette. Für den Plan des doppelt umfassenden Angriffs hat Rußland rund eine halbe Million Soldaten aufgeboten, eine Anfangsphase macht Masurens Grenzstädte zu »Brandstätten der Invasion«. In Lyck hängen sie den Ordnung verheißenden preußischen Adler am Kreishaus ab, um ihn als Mitbringsel nach Rußland zu schleppen. Am Bahnhof wird das Bild Wilhelms II. aus dem Hause Hohenzollern durch das Bild von Nikolaus II. aus dem Hause Romanow ersetzt. Willy der Kaiser und Nicky der Zar sind dynastisch verbunden, sind Cousins.

Von François kann den Gegner bei Stallupönen schlagen, von Prittwitz

Rathaus und Marktplatz von Wehlau. In der Kreisstadt an der Mündung der Alle in den Pregel war es 1657 zum Vertrag zwischen Polen und dem Großen Kurfürsten gekommen, mit dem die Souveränität (Ost)Preußens an Brandenburg überging.

bricht die Schlacht bei Gumbinnen vorschnell ab. Ostpreußen ist als einzige deutsche Provinz Kriegsgebiet, in Königsberg, wo Stadttheater, -halle und Gewerkschaftshaus als Hilfslazarette dienen, ist Kanonendonner zu hören, wenn der Wind danach steht. Die russische Dampfwalze flößt Furcht und Schrecken ein, mit Stadt- und Landvolk, Arm und Reich auf der Flucht greift Hermann Sudermann zur Feder: »*Steif im Nacken sind wir und erbitten keines Nachruhms eitle Würdigung./ Helden mag man andre heissen, wir sind Pflichtvolk, wir sind Preußen,/ Das ist uns genug ein Wert. Gebt uns wieder Haus und Herd!/ Schlagt uns Balken, brennt uns Steine! Wir begehren nur das eine: Heimat!*«

Im August 1914 kommt es zur bisher größten Einkreisungs- und Vernichtungsschlacht der Geschichte. Gekämpft wird in einem guten Teil Ostpreußens, eingekesselt im Raum Gilgenburg-Allenstein-Hohenstein-Neidenburg-Ortelsburg. Obwohl Tan-

nenberg, südlich der Bahnstrecke Osterode-Hohenstein, davon unberührt blieb, das Schlachtfeld, dann auch der Gegner mit dem mittelalterlichen nicht identisch ist, wird in Zukunft von einer »Schlacht von Tannenberg« gesprochen. Den geschichtlichen Verweis erzwingt, daß die Deutschen rund 500 Jahre darauf warten mußten, die schmähliche Niederlage ihrer Ordensritter gegen Polen-Litauen mit einem Revanchesieg über Rußland aufzuwiegen! Wie die Ordensbanner einst neben dem Sarg des hl. Stanislaus im Krakauer Dom, werden die in der Schlacht erbeuteten Standarten dann auch im Königsberger Schloß ausgestellt.

Während der Kampfhandlungen stehen sich die russische Narewa- und die deutsche 8. Armee gegenüber: »*Die Zahl der Gefangenen wächst täglich, sie ist bereits auf 90 000 Mann gestiegen. Wieviel Geschütze und sonstige Siegeszeichen noch in den preußischen Wäldern und Sümpfen stecken, läßt sich gar nicht übersehen*« (Großes Hauptquar-

Blick auf Gerdauen. Im Anschluß an eine Ordensburg gegründet und mit Kulmer Recht ausgestattet, wird die Geburtsstadt Theodor Gottlieb Hippels von den Russen im Ersten, dann noch einmal im Zweiten Weltkrieg schwer zerstört.

tier). Die Kriegskunst des reaktivierten Generals im Ruhestand Paul von Hindenburg, die Planung seines Generalstabchefs Ludendorff und der Leistungsstand der Truppe lassen den Gegner nach fünf Tagen die Waffen strecken. Heldentote dann wohin man blickt, alleine im Kreis Neidenburg werden 61 Soldatenfriedhöfe angelegt. Zur Winterschlacht in Masuren stoßen deutsche Divisionen im Februar 1915 in einer Zangenbewegung zu den Wäldern von Augustow vor. 120 000 Deutsche besiegen bei Plätzen wie Schmidtsdorf, Johannisburg, Erlenau, Gurkeln und Lucknainen 250 000 Russen, nehmen 100 000 gefangen. Die Niederlage der Njemen- nach dem Untergang der Narewarmee wird im Reich mit kollektiver Begeisterung verfolgt.

»Sei, Kaiser Wilhelm, hier/ Lang' Deines Volkes Zier,/ Der Menschheit Stolz«: Ostpreußen war gerettet, wofür Paul von Hindenburg, kein Ostpreuße, sondern Posener, Ehrenbürger der Stadt Königsberg, dann auch vierfacher Dr. h.c. ihrer Albertina wurde. Kriegsentscheidend war es nicht.

Bei Kriegsbeginn hatte die »Königsberg« (Fregattenkapitän Max Looff) als einziger Kreuzer im Indischen Ozean die deutsche Flagge gezeigt. Das Patenschiff der Pregelstadt brachte die »City of Winchester« auf, versenkte den britischen Kreuzer »Pegasus« im Hafen von Sansibar, wurde durch Kohlenmangel jedoch zum Rückzug ins Mündungsdelta des Rufidji gezwungen. Ohne jeden Nachschub, von englischen Schiffen blockiert, setzt die Mannschaft den Kreuzer auf Grund, um an Land Paul von Lettow-Vorbecks Heia-Safari-Krieg als Königsberg Kompanie weiterzukämpfen.

»Brüder, Sensen in die Hände! Auf zum Kampfe laßt uns eilen!/ Polens Knechtschaft hat ein Ende. Länger wollen wir nicht weilen./ Sammelt Scharen um Euch alle! Unser Feind, der Deutsche, falle!« und »Polen soll und muß besteh'n!/ Papst und Gott verspechen's

mir./ Rußland, Preußen muß vergeh'n./ Heil dem polnischen Panier!«: Im November 1916 proklamieren die Mittelmächte in der Hoffnung, Verbündete zu gewinnen, ein polnisches Königreich »in von einer unbestreitbar polnischen Bevölkerung bewohnten Gebieten«, doch ohne staatliche Kompetenz. Noch bevor ein freies Polen abgesteckt ist, erheben Vertreter der Emigration territoriale Ansprüche auch auf deutsche Gebiete.

Bei Kriegsende sind die Monarchien der drei polnischen Teilungsmächte politisch wie militärisch am Ende, des Kaisers »vaterlandslose Gesellen« (die Politiker) am Neuanfang. Wilhelm II. wird zur Abdankung gezwungen, Deutschland Republik. Preußen dient bis zu Franz von Papens unblutigem *Preußenschlag* für den einen als »rote Festung«, für den anderen als »Bollwerk der Demokratie«.

Versailles, wo sie rund 50 Jahre zuvor Wilhelm I. zum Kaiser der Deutschen krönten, ist als Ort der Revanche mindestens so gut gewählt wie Tannenberg. Die Polen bringen »uralte Rechtsansprüche« ein, erinnern an Hans von Baisens Preußischen Bund und des Großen Kurfürsten Wehlauer Vertrag, der Preußens Souveränität mit dem Rückfallsrecht beim Aussterben des Hauses Brandenburg erkaufte. Die Hohenzollern sind nicht ausgestorben, doch ihr Hauptvertreter sitzt beim niederländischen Utrecht im Exil.

Der Diktatfrieden, mit dem *Luther im deutschen Norden einen Krieg verliert* (Papst Benedikt XV., 1854 bis 1922 nach Christus), überschreibt dem wiedererstandenen Polen ohne Volksbefragung nahezu ganz Westpreußen links der Weichsel, das Kulmerland und den größten Teil Posens. Ostpreußen verliert mit dem Eisenbahnknotenpunkt Soldau den südlichen Teil des Kreises Neidenburg, dazu das Memelgebiet, das Frankreich so lange verwaltet, bis es die Litauer im Handstreich annektieren. Danzig, mit kleinem Hinterland Freistaat unter der

Dreiländerstein an jener Stelle, an der sich nach Versailles die Grenzen Polens, Deutschlands und der Freien Stadt Danzig treffen: Versailles, wo rund 50 Jahre zuvor Wilhelm I. zum deutschen Kaiser ausgerufen wurde, war als Ort der Revanche mindestens so gut gewählt wie Tannenberg.

Aufsicht des Völkerbunds, wird indirekt Polen ausgeliefert, bleibt dann auch die Zeitbombe, die unaufhörlich tickt.

Mut und Identifikation mit dem Gemeinwesen sind dem Preußen eigen (der Preußen preußisch regierende Königsberger Otto Braun): Wo man das mündige Volk vor die Frage Deutschland oder Polen stellt, fällt das Votum recht deutlich aus. In den Abstimmungsgebieten Marienwerder/Westpreußen und Allenstein/Ostpreußen votieren 92,4 bzw. 97,8 Prozent für Deutschland (in Oletzko/Treuburg geht die Wahl 28625 : 2, in Ortelsburg 48 207 : 497, in Rössel 35 248 : 758 aus). Damit der klare Sieg der Erinnerungskultur erhalten bleibt, wachsen in besagten Gebieten Denkmäler mit den Lettern »Wir bleiben deutsch« aus dem Boden.

Natürlich hatten die Deutschen keine Möglichkeit ausgelassen, um auf die Volksabstimmung einzuwirken. Ihre einflußreichen Pfarrer predigten mit starkem nationalen Unterton. Auf dem Devauer Feld bei Königsberg wurde Deutschlands erster ziviler Flugbahnhof angelegt, der Seedienst lief von Swinemünde her Zoppot und Pillau an, um rund 150 000 nach Westen abgewanderte Ost- und Westpreußen in der alten Heimat abzustimmen zu lassen.

Ostpreußen werden Stadt- und Landkreis Elbing und das Abstimmungsgebiet Marienwerder zugeschlagen, doch Versailles hat aus dem Brückenkopf eine räumlich vom Restreich abgeschnürte, von Polen und Litauen umklammerte Insel gemacht. Zwischen den rund zwei Millionen Ostpreußen und dem Mutterland klafft, mit geschichtlichen Energien geladen, der Polnische Korridor. Die Verbindung auf dem Landweg stellt die Ostbahn her, die auf der Transitstrecke Konitz-Dirschau-Marienburg verkehrt. Reisende sitzen die Zeit in plombierten Eisenbahnwagen ab, sind dazu recht schickanösen polnischen Kontrollen unterworfen.

Agnes Miegel appelliert an das jetzt relativ weit entfernte Reich: »*Über der Weichsel drüben, Vaterland höre uns an.*« Aus dem verlorenen fernen Osten kommt Wilhelm Wenskys »Memelländer Ruf«: »*Der Strom, der uns einte, der trennt uns nun./ Bang steh'n wir auf des Rombinus Rand,/ Ein Bogenschuß weiter – dann könnten wir ruh'n/ Am Mutterherzen im deutschen Land./ Wir recken die Hände, o hört unser Schrei'n,/ Es kann doch die Trennung nicht ewig sein./ Holt rüber.*«

Mit der Wirtschaft aus dem Gleichgewicht, auf der Suche nach neuen Absatzmärkten, eröffnet Reichspräsident Ebert in Königsberg die erste Ostmesse als Begegnungsstätte zwischen Ost und West. Das Luftschiff »Graf Zeppelin« ankert in Devau, die »Odin«, »Hertha«

Abstimmungsdenkmal »Wir bleiben deutsch« vor der Marienburg. In der Volksbefragung von 1920 haben im Abstimmungsgebiet Westpreußen 92,4 Prozent der Wahlberechtigten für Deutschland votiert.

Landsberg im Kreis Preußisch-Eylau. 1335 als Gemeinwesen an einer wichtigen Straßenkreuzung gegründet, geht die Stadt 1414 im Ansturm der Polen erstmals unter. Nach dem großen Feuer von 1655 erneut aufgebaut, hält sich Napoleon 1807 hier zwei Tage auf.

oder »Tannenberg« legen im Seedienstbahnhof Pillau an, das Osthilfegesetz begegnet der neuen Normalität. Um die unter Studentenmangel leidende Albertina aufzufüllen, wird das Ostsemester eingeführt, das Abiturienten, die studieren wollen, zum ersten Semester in die Pregelstadt zwingt.

Das Land hat Frieden, eine echte Ruhe ist es nicht. 1933 stellt der polnische Westmarkenverein in Krakau fest, »daß die polnische Öffentlichkeit nicht wieder die für die Zukunft des polnischen Staates lebenswichtige Frage, Ostpreußen, vergessen darf ... Es gibt in Europa keine Frage Pommerellens oder der polnischen Grenzen. Dagegen gibt es die unerledigte Frage der ungerecht und entgegen der natürlichen Ordnung der Verhältnisse voreilig beurteilten Angelegenheit Ostpreußens, aus dem eine Festung der deutschen Eroberungslust gemacht wur-

de ... Unseren Brüdern, den Masuren, sowie den Einwohnern Ermlands und des Weichsellandes, die in Ostpreußen unter dem jahrelangen Joch der preußischen Unfreiheit leiden, senden wir die Ausdrücke des herzlichsten Zuspruchs«. Im Jahre darauf einigen sich Reich und Polen auf einen Nichtangriffspakt, doch die einen sinnen auf Revanche, die anderen beharren auf Revision.

Im Herrenhaus Neudeck (Reg.-Bzk. Marienwerder) stirbt Reichspräsident Paul von Hindenburg. Dorf Neudeck war dem Obersten Otto Friedrich von Hindenburg einst von Friedrich dem Großen verliehen worden, das Herrenhaus hatte die dankbare Nation dem vom Mythos des Siegers von Tannenberg Umschmeichelten zum 80. Geburtstag geschenkt. Im burgartigen Reichsehrenmal Tannenberg bestattet, von in der Schlacht gefallenen Soldaten umgeben, würden aus dem Osten zurückflutende Soldaten eines nicht allzu fernen Tages Hindenburgs Gebeine bis Marburg mitnehmen.

Die alten Eliten haben an Boden verloren, mit dem etwas borstigen Königsberger Eisenbahnersohn Otto Braun wurde ein Sozialdemokrat preußischer Ministerpräsident. Bis 1935 hat sich die verinselte Provinz so weit erholt, daß der Deutschlandsender am Neujahrstag tönen kann: »Die Ostmark hat sich stets bewährt/ Mit scharfer Sense, Pflug und Schwert,/ Jahrhundertlange Wache stand/ Der Deutschen Ritter Ordensland./ Der Erde unverbrauchtes Blut/ Schuf starke Herzen und Mannesmut.«

Ernst Wiechert, geboren im Forsthaus Kleinort bei Peitschendorf/Kreis Sensburg, geprägt von seiner Heimat und der Teilnahme am großen Krieg, lebt jetzt in Ambach am Starnberger See. Masurens großer (Förster)Sohn hatte in Königsberg Schule und Universität besucht, um in den höheren Schuldienst einzutreten. Als er sich als freier Schriftsteller im Bayerischen niederläßt, sind seine Erzählungen bereits Volkskunst. Der »Flucht«, unter dem Pseudonym Barany Bjell, waren Romane wie »Der Totenwolf« und »Die blauen Schwingen« gefolgt, 1931 erscheint das Kriegsbuch »Jedermann«. Wiechert kommt, getreu seinem Lebe-mutig-Prinzip, wegen Widerstands in Reden und Aufsätzen mit den neuen Machthabern in Konflikt, die ihn für kurze Zeit ins KZ Buchenwald schicken.

Vielleicht ist der deutsche Osten noch nicht fertig, seine 700jährige Entwicklung noch nicht ganz abgeschlossen, als ihn neues Unheil mit vernichtender Schärfe trifft. Vielleicht genügt Siedlung alleine tatsächlich nicht, wenn weiterhin fließende Grenzen bestehen. Im Oktober 1938, noch einmal im folgenden März, fordert Hitler – »*Danzig ist eine deutsche Stadt und will zu Deutschland*« – die Rückkehr der Ostseeperle in den Verband des Deutschen Reiches, dazu die exterritoriale Auto- und Eisenbahn durch den Korridor.

Im Gegensatz zur Danzig/Korridor-Frage kann er an Bord des Panzerschiffes »Deutschland« mit dem »Gesetz über die Wiedervereinigung des Memellandes mit dem Deutschen Reich« einen Erfolg verbuchen. Die Sehnsucht

nach dem alten Preußen war lebendig geblieben, die Rückgliederung wird von den Memelländern aus politischer Tagesperspektive begrüßt: »*Das Alte sinkt, wir gehen neue Bahnen, / jungdeutsch marschiert, geschlossen sind die Reih'n. / Ein neues Morgenrot bricht an und will uns mahnen, / Wir wollen Deutsche nichts als Deutsche sein.*«

Im Juni 1939 fällt der in Warschau vorgesehene Länderkampf der deutschen Amateurboxer gegen Polen aus. In offizieller Begründung heißt es dazu, daß »die deutschen Spitzenkönner zur Zeit zum größten Teil ihre Dienstpflicht bei der Wehrmacht ableisten«. Im August kommt es zum Zusatzprotokoll des Hitler-Stalin-Pakts, der eine 4. Teilung Polens zumindest nicht ausschließt: »Die Frage, ob die beiderseitigen Interessen die Erhaltung eines polnischen Staates erwünscht erscheinen lassen und wie dieser Staat abzugrenzen wäre, kann endgültig erst im Laufe der weiteren politischen Entwicklung geklärt werden.« Am Morgen des 1. September 1939 lassen Breitseiten der schweren Geschütze des Kadetten-

Das Herrenhaus des Landstallmeisters von Trakehnen. 1732 auf Anordnung Friedrich Wilhelms I. als Königliches Stutamt gegründet, um Berlin mit Reit- und Wagenpferden zu versorgen, hat sich Trakehnen zur Heimat jener Zuchten entwickelt, die das Brandzeichen der siebenendigen Elchschaufel weltweit renommiert.

Schulschiffs »Schleswig-Holstein« ab 4.45 Uhr *die deutschen Waffen vor Danzig sprechen*. Im Visier liegen Munitionsdepots und Armeeeinheiten der polnischen Enklave Westerplatte, einst beliebtestes Seebad der Danziger. Gleichzeitig treten die HG Nord (von Bock) von Pommern und Ostpreußen, die HG Süd (von Runstedt) von Schlesien her zum Angriff an.

Mit den schnellen Niederlagen seiner Armeen, die tiefgründige Namen wie Posen, Pommerellen und Preußen tragen, wird das Finis Poloniae noch einmal aktuell. Deutsche Truppen öffnen den Landweg nach Ostpreußen, der Bromberger »Blutsonntag«, dem rund 7 000 Volksdeutsche zum Opfer fallen, dient der deutschen Propaganda zur Motivierung einer harten Polenpolitik. Die Einrichtung des Reichsgaus Danzig-Westpreußen wird unter den Anspruch der »Sicherung alten deutschen Kulturbodens« gestellt. Hitlers Weisung Nr. 21, der Befehl zum schnellen Feldzug zur Niederwerfung Sowjetrußlands, zwingt dem Ostgau erneut die Rollen der Wacht und des Bollwerks des Reiches auf.

Das Unternehmen Barbarossa aktiviert Befehls- und Gefechtsstände, Hauptquartiere, Sperrkreise und Residenzen, jetzt »Feldquartiere« genannt. Prominent darunter das Führerhauptquartier Ost bei Rastenburg. Mückenloch wäre sicher artengerechter gewesen, doch die Anlage, im dichten Waldgebiet, von Sümpfen umgeben, wird Wolfsschanze genannt. Mit Wölfen identifizierte sich der gleich neben dem Löschwasserbecken im persönlichen Bunker Nr. 13 ausharrende Führer. Um die Wolfsschanze rudeln sich das OKH-Hauptquartier im Mauerwald am Mauersee (Deckname Fritz) und das OKL bei Goldap. Die Abwehrabteilung Fremde Heere Ost sitzt in der Feste Boyen, Himmler im Hegewald zwischen Großgarten und Schwenten. Göring hat in der Rominter Heide die Protzresidenz Reichsjägerhof bezogen, Joachim von Ribbentrop residiert auf Gut Steinort, seit 500 Jahren im Besitz der Lehndorffs, einer altpreußischen Adelsfamilie.

Drei Monate bevor russische Angriffsspitzen die Reichsgrenze erreichen, die Schlacht um Ostpreußen beginnt, geht im FHQ Wolfsschanze die Zeitzünderbombe hoch, die Deutschland verändern soll. Der Schaden hält sich in Grenzen, hatte man doch zu wenig Sprengstoff deponiert. Unter denen, die die Rache des Führers jetzt trifft, ist Carl Friedrich Goerdeler, Königsbergs ehemaliger 2. Bürgermeister, der einer künftigen Regierung als Reichskanzler vorstehen sollte. Im Kreis der Widerständler waren Offiziere wie Graf Yorck von Wartenburg, Graf von Hardenberg, Graf zu Dohna-Schlobitten und Heinrich Graf von Lehndorff, deren Vorfahren einst hart am Namen Preußen gearbeitet hatten. Die wertvolle Kunstsammlung der Ribbentrop-Residenz Steinort wird beschlagnahmt und nach Westen ausgelagert, später den Sowjets als Kriegsreparation übergeben.

Im August 1944 werfen 800 Flugzeuge der britischen Luftwaffe in zwei Nächten 492 Tonnen Spreng- und Brandbomben auf Königsberg. Die gesamte Innenstadt (Kneiphof, Altstadt, Löbenicht) und Teile der nördlichen Außenstadt brennen aus. Im Oktober erreichen sowjetische Vorkommandos Ostpreußen, noch im Herbst haben sie östliche Teile des Bezirks Gumbinnen im Griff. Im harten, schneereichen Winter – in Memel sinkt das Thermometer auf -30 Grad Celsius – löst das Propagandabild des Russen, bekanntgewordene Massaker wie in Nemmersdorf an der Angerapp, Alt-Wusterwitz bei Gumbinnen oder Metgethen, den längsten Flüchtlingstreck seit Menschengedenken aus. Handels- und Kriegsmarine können alleine aus Pillau rund 620 000 Ostpreußen evakuieren, doch die Flucht über die Ostsee, das größte Rettungswerk der maritimen Geschichte, kommt ohne die größte Katastrophe der Seefahrt nicht aus: Vor

Carl Friedrich Goerdeler. Königsbergs ehemaliger 2. Bürgermeister, in einer künftigen Regierung als Reichskanzler vorgesehen, wird als einer der geistigen Führer des Widerstands gegen Hitler in Plötzensee hingerichtet.

Stolpmünde auf Höhe Stolperbank wird die überfrachtete, in Gotenhafen aufgebrochene »Wilhelm Gustloff« in eiskalter Januarnacht von drei Torpedos des russischen U-Boots S-13 getroffen. Der ehemalige Kraft-durch-Freude-Dampfer sinkt mit rund 9 000 Menschen an Bord.

Mit der sowjetischen Panzerlawine am Frischen Haff, wird dem Flüchtlingszug der Landweg nach Westen verstellt, ist ein Entkommen nur über das zugefrorene Haff, die Nehrung und parallel laufende Eisstraßen möglich; Menschen dann zwischen den Fronten, zu Fuß, mit Handwagen, auf Pferdefuhrwerken. Zigtausende verhungern, erfrieren, werden von Bordgeschützen der Tiefflieger getroffen oder versinken im von Bomben aufgebrochenen Eis, was Königsbergs Schriftsteller Fritz Kudnig ins Versmaß bringt: »*Der Frost biß wie ein Wolf. Fast dreißig Grad –/ und fußhoch Schnee, der alles Leben lähmte/ Gestalten, deren sich die Sonne schämte.*«

Beim Rückzug aus Tilsit haben deutsche Pioniere die berühmte, 416 m lange Königin-Luise-Brücke gesprengt, die an das Zusammentreffen des preußischen Königspaares mit Napoleon und Zar Alexander erinnert. Wie zum Trost steht auch Napoleons Haus an Tilsits Deutscher Straße nicht mehr. An Hitlers Todestag kann Beate Uhse, Testpilotin im Range eines Hauptmanns, eine der letzten Maschinen aus Berlin navigieren. Geboren auf Gut Wargenau bei Cranz, aus ostpreußischem Junkermilieu, avanciert sie von hier aus zu »Deutschlands bekanntester Deutschen«.

Die bedingungslose Kapitulation und das Potsdamer Abkommen teilen Ostpreußen in zwei Verwaltungsbezirke. Russisch und polnisch besetzte Gebiete werden durch eine 200 km lange Demarkationslinie getrennt. Diese beginnt südlich von Narmeln auf der Frischen Nehrung, zieht sich über das Haff bis ins Umland von Preußisch-Eylau, führt von dort über Gerdauen und

Nordenburg durch die Rominter Heide bis zu jener Stelle, wo sich das deutsch-polnisch-litauische Dreiländereck befand. Die Regelung soll bis zur endgültigen Klärung territorialer Fragen durch Friedensverhandlungen gelten, Flucht und Vertreibung, *geordnete Transfers* genannt, halten bis lange nach Kriegsende an.

Des Ostgaus Verwalter geben entvölkerten Städten und Dörfern neue Namen, die an russische Dichter, sowjetische Militärs, polnische Übersetzer und andere erinnern. Der Oblast Kaliningrad, das Gebiet um Königsberg, wird aufgrund eines riesigen Waffenarsenals hermetisch abgeriegelt, der Eisenbahnknotenpunkt Cernjakovsk (Insterburg), Gusev (Gumbinnen) und Sovetsk (Tilsit) zu abgeschirmten Bezirken nach sowjetischem Muster. Der Kontrollratsbeschluss Nr. 46 löst zur Sicherung des Weltfriedens den ohnehin nicht mehr bestehenden Staat Preußen auf. Der hatte als »Hort des Militarismus und der Aggression« offenbar bis ganz zuletzt selbst in Kreisen der Siegermächte alte Ängste, alte Traumata geschürt.

Flüchtlingstreck nach dem Angriff sowjetischer Jagdbomber: Im harten, schneereichen Winter von 1944/45 löst das Propandabild des Russen, bekanntgewordene Massaker wie in Nemmersdorf, Alt-Wusterwitz oder Metgethen, den längsten Flüchtlingstreck seit Menschengedenken aus.

»... und daß Du, Königsberg, nicht sterblich bist«

Erhabenes Gegenwärtiges, lebendig gebliebener Geist: Hätte die Stadt am Pregel eine Stimme, sie würde von Prussen, Rittern und Recken, vom Ordensstaat, der Hanse, dem Herzogtum und Königreich Preußen, von der Kaiserzeit, sicher auch von einem kurzfristigen tausendjährigen Reich erzählen. Leise Trauer um Vergangenes, Sorge um den Mißbrauch der Geschichte: Die Vorstellungen der Gottesritter, ihr großzügiges Planen und eigensinniges Denken, die Staatsbildung im deutschen Nordosten, Preußens Herrscher mit ihren Gemeinsamkeiten und Gegensätzen, die Bürgerschaft mit dem in unruhigen Zeiten geformten Selbstbehauptungswillen ... die Dichter und Denker, denen die stolze Stadt so viel verdankt wie ihren Kaufleuten und Fürsten.

Königsberg – weltoffen, tolerant, multikulturell und maritim orientiert – galt als Deutschlands europäischste Metropole. Es war Drehscheibe zwischen Ost und West, Hanse-, Haupt- und einzige Großstadt der Region, des deutschen Ostens wirtschaftliches und geistig-kulturelles Zentrum. Es war Krönungsort und dritte Residenz preußischer Könige, Wiege großer Namen, Welthandelsplatz und architektonisches Juwel. Wobei leicht zu verkennen ist, daß hier zwar durchaus regiert, verwaltet, gehandelt, gelehrt und geforscht, daneben aber auch gelebt (gearbeitet, gefeiert, geliebt und gelitten) wurde. Das ist es, was Königsberg zur Stadt der Dichter und Denker, des Marzipans, der Riesenwurst, des Riesenstriezels, des Blutgerichts, von Klops, Glumse und Fleck, eben zur Heimat der Königsberger machte.

»Der Uferrand des Pregelurstromlandes, das an der Mündung meilenweit auseinanderklafft, nähert sich mehr und mehr auf der Nordseite des Flusses, je dichter man an die Stelle kommt, wo heute das Ordensschloß steht. Hier, wo der alte Weg von Natangen ins Samland den Pregel überquerte, drängte die diluviale Uferkante bis auf wenig mehr als Steinwurfweite zum Flusse heran und schmälerte die sonst weiten sumpfigen Stromwiesen. Rechts und links des Weges schnitten in einem Abstand von etwa 700 Schritt und nahezu senkrecht zum Pregel schürfende Schluchten aus dem Uferplateau einen Klotz heraus, der sich in Masthöhe über den Pregel erhob und auch die Fläche jenseits dieser Senken

Königsberg: Blick auf die Altstadt am Pregel (oben), den Kaiser-Wilhelm-Platz und das Schloß (Seite 68). Einst Etappe reisender Kreuzritter und Sitz des samländischen Domkapitels, diente das Schloß dem Ordenshochmeister als Residenz, siechen Rittern als Altersheim, Preußens Herzögen und Königen als Wohnpalast.

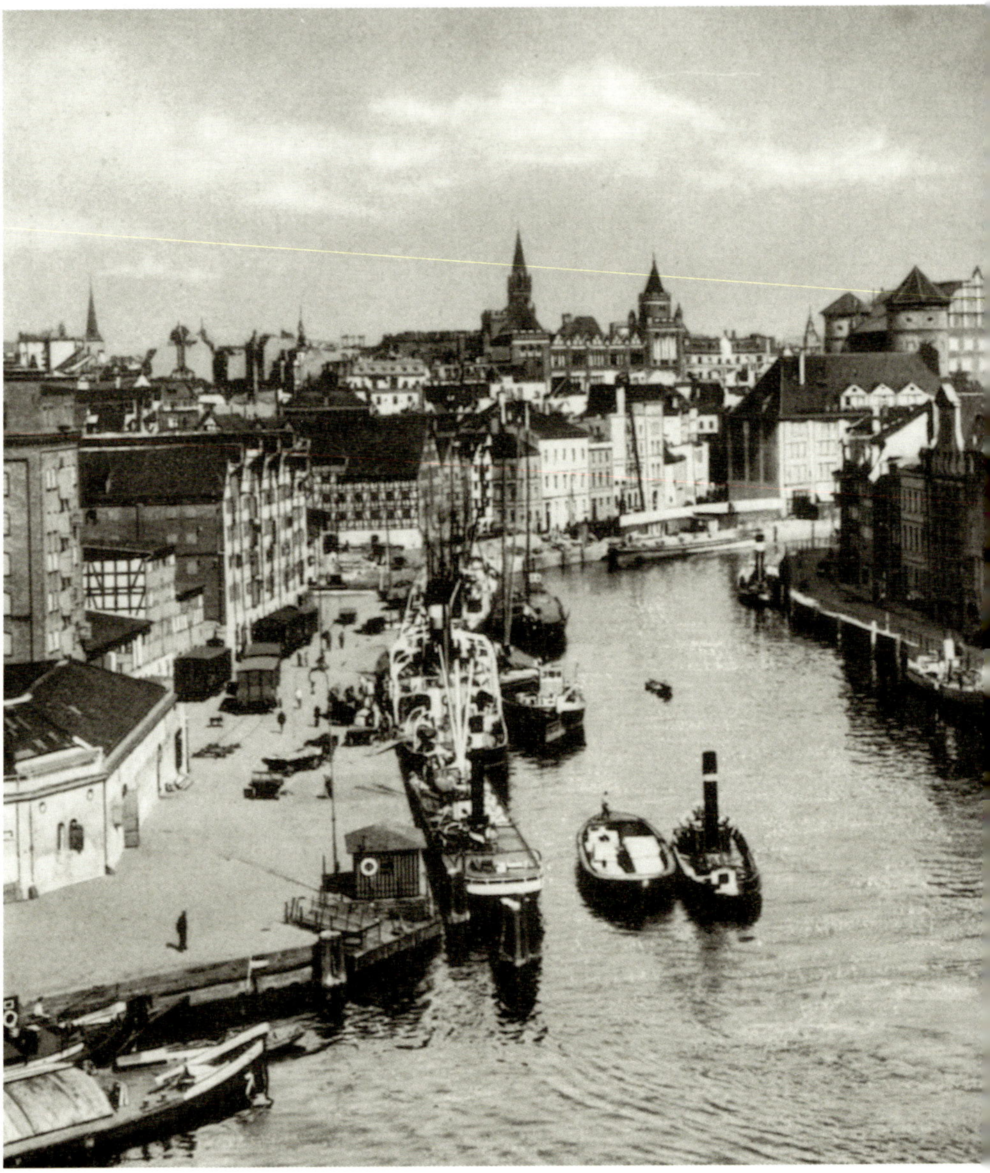

Blick auf den Pregel zwischen Hundegatt und der Anlegestelle der Kneiphofinsel. Im Hintergrund die Türme des Schlosses und der Altstädtischen Kirche.

Siegel des Obersten Ordensmarschalls und Komturs von Königsberg aus dem Jahre 1344.

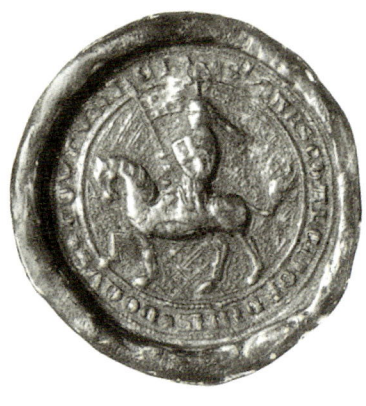

überragte. Tuwangste, Schwellung, nannten ihn die Samen, die auf der Westnase des Blocks eine Wallbefestigung errichtet hatten.«

Die von einer prussischen Fliehburg gekrönte Waldkuppe Tuwangste, von Walther Franz in seiner Stadtgeschichte herausgestellt, wacht über eine Fischer- und Jägersiedlung. Die Stelle bietet sich als Ankerplatz an. Hier treffen sich zwei Handelsstraßen, hier soll der hl. Adalbert eine letzte Messe gelesen haben. Siedlung, Fliehburg und Hafen wenige Kilometer vor der Einmündung des Pregels ins Frische Haff rücken ins Blickfeld des Abendlandes, als lübische Seefahrer den Fluß hinaufnavigieren.

»Eine Burg an dieser Stelle war durch die Natur auf drei Seiten hin gesichert durch die Senken und den Pregel. Im östlichen Tal rauschte zudem ein leicht zu stauender Bach, der Mühlen treiben konnte, bevor er sich mit dem Fluß vereinigte. Ein Wehrbau auf dieser Höhe stak wie ein Pfahl im Fleische des unterworfenen Landes, trennte die aufbegehrenden Natanger von den hassenden Samen, schützte durch Pregel, Haff und

Meer die Verbindung mit der alten Heimat und den Brüdern, die auf den Burgen des Weichsellandes wachten, war Ausfallstor und Zuflucht bei weiterem Eroberungszug pregelaufwärts. Nach halbem Tagesritt konnten die Brüder die Meereswogen an der Steilküste branden sehen oder nach frischem Ritt durch weiten Heidewald am Binsenufer des Haffs rasten, mit gepanzerter Faust die vorgeschobenen Häuser unterstützen und zur Nacht wieder müde emporreiten zum Berg, den Königshand erobern half.«

Nachdem ein mächtiges Kreuzfahrerheer Rudau erobert hatte, legte Hochmeister Poppo von Osterna über den Resten der Fliehburg zur Sicherung des Landstrichs eine hölzerne Ordensfeste an (beim späteren Steindamm). Die Lokation erhält zu Ehren des Böhmenkönigs Ottokar II., Sohn der Stauferin Kunigunde, Enkel Philipps von Schwaben und auf Zeit Gemahl der Margarete von Babenberg, die Leopold den Erlauchten und Adalbert den Siegreichen im Stammbaum hat, den Namen *Conigsberg.* Schon zwei Jahre

Am Pregel. Ostpreußens Fluß entsteht aus Pissa, Angerapp und Inster, die sich westlich von Insterburg treffen. Er nimmt die Alle auf, entsendet bei Tapiau die Deime zum Kurischen Haff, teilt sich dann in zwei Arme, die sich in Königsberg treffen. Rund sieben Kilometer unterhalb der Metropole mündet der Pregel bei Holstein ins Frische Haff.

Der Dom auf der Kneiphof-insel, Symbol des in Blüte stehenden Ordens, doch angesiedelt in Zeitlosigkeit.

Seite 73: Alte Speicher am Pregel.

Pregel wird an der Altstadt gebaut, die ihre Handfeste als Anerkennung für erwiesene Treue während des Großen Prussenaufstandes erhält. Das geschäftige Löbenicht, ein Platz für Handwerker und Ackerbürger am Fuße des Mühlenbergs, wird von Komtur Berthold Brühaven zur Stadt erhoben. Der noble Kneiphof *(Knypabe)*, die Insel der Kaufleute zwischen den Pregel-Armen, kommt als dritte Stadt Königsberg dazu. Nachziehende Siedler stammen vorwiegend aus Niedersachsen, Westfalen und dem Ordensland, Lübecker, Pommern und Mecklenburger haben sich darunter gemischt.

Jede der drei Städte Königsberg hat ihre Handfeste nach kulmischem (Ordens)Recht, ist selbständig, hat eigene Kirchen, Märkte und den eigenen Mauerring. Zur Burgfreiheit zählen die Prussendörfer Sackheim, Tragheim, der Roß- und Rindergarten. Als geistlicher Bezirk ist das östliche Drittel des Kneiphofs abgesteckt. Dort wächst der Dom, eine gewaltige Hallenkirche in Backsteingotik, St. Maria und St. Adalbert geweiht, Symbol des in Blüte stehenden Ordens, doch angesiedelt in Zeitlosigkeit. Die Städte schließen sich der Hanse an und bauen am Pregelhafen.

Mit dem Orden im Dreizehnjährigen Krieg auf recht verlorenem Posten, muß der Versuch des altstädtischen Bürgermeisters, die Dreistadt nach dem Vorbild der großen Konkurrentin Danzig zum Freistaat zu machen, scheitern. Die Flucht Ludwigs von Elrichshausen aus der verpfändeten Marienburg erhebt Königsberg zum Sitz des Hochmeisters, der hier bis zur Transformation des geistlichen Ordenslandes in ein weltliches Herzogtum residiert.

Seit 1525 Residenz der preußischen Herzöge, hebt sich aus dem historischen Einerlei der Pregelstadt die Hochzeit des Landesfürsten Albrecht von Brandenburg-Ansbach mit Dorothea von Dänemark ab. Bleibt doch von Interesse, daß im Rahmen der Feier-

später löst das Steinhaus (unterhalb des Schloßbergs) die Verschanzung ab, womit sich im Prinzip das Grundgerüst der späteren Stadt abzeichnet.

Im Schutz der Burg wächst die erste Siedlung, von antrotzenden Prussen jedoch so nachhaltig zerstört, daß ihre genaue Lage umstritten bleibt. In der Niederung zwischen Burgberg und

Samland

Hoch auf der Küste steilem Gehänge,
Über mir jagendes Wolkengedränge,
Weitum der fliehende Horizont –
Unter mir kommen die Ostseewogen
Wie breite Kohorten herangezogen,
Brausend und schäumend in Abstand
  und Front –

Drüber die streichenden
  Wolkenschatten,
Schwarze Patrouillen auf blaugrünen
  Matten,
Mir in den Ohren der donnernde
  Wind;
Steh' ich und breite beflügelt die
  Arme
Dir zum entzückten
    Begrüßungsalarme,
Samland, mein Samland, du
  himmlisches Kind.

Und ich gehorche dem lockenden
  Pfade,
Westwärts zu wandern das hohe
  Gestade,
Dort, wo die Heulboje Tag und Nacht
  geigt,
Wo sich der Erdkreis nur scheinbar
  beendet,
Weit sich die Küste nach Süden
  umwendet
Und aus dem Wasser Unendlichkeit
  steigt.

Singend eil' ich hinunter zum
  Strande,
Springend zu baden am treibenden
  Rande,
Mutig und fröhlich, vertrauend und
  blind,
Klettre in deinen bergenden
  Schluchten,
Schau' über deine grünenden
  Buchten;
Samland, mein Samland, du
  himmlisches Kind.

Helene Gräfinghoff

lichkeiten schon jetzt jenes Brot des Markus (Markusbrötchen) aufgetragen wird, das Apotheker als besonders heilkräftig anpreisen, im Prinzip jedoch Konditorware ist. Lübecker und Danziger mochten zwar ganz anderer Meinung sein, die besten Markusbrötchen sollten – *»Loblieder sang ein jedermann auf Königsberger Marzipan«* – in Zukunft den Namen der Pregelstadt tragen.

Geschichten dann, an denen das Leben am Pregel schreibt: Im Jahresrhythmus feiert die lokale Zunft der Fleischer als eines der ältesten Gewerbe ein »Fest der langen Wurst«, das sich zu einem wahren Kultus steigert. Während die Extrawurst – ein Geschenk für die Bäcker, die sich mit einem mächtigen Striezel revanchieren – anno 1520 mit 41 Ellen (etwas über 27 m) bereits eine stattliche Länge erreicht, wird sie von Jahr zu Jahr nur noch länger. Das Exemplar, das 1601 von 103 Fleischergesellen beim Umzug durch die drei Städte Königsberg getragen wird, mißt stolze 1 005 Ellen und wiegt 885 Pfund. Schlachter und Fleischer hatten dazu 81 Schweineschinken und 18 Pfund Pfeffer verarbeitet, ein absoluter Wurstrekord, der sich bis zum Jahr 1966 halten sollte (als in England eine 937 m lange Wurst Rekordhalter wurde).

Unter dem Einfluß der Reformation wird 1544 auf der vom Pregel umschlossenen Dominsel mit dem Collegium Albertinum (Albertina) Preußens erste Universität eröffnet. Der Pflanzstädte des Luthertums steht in der Gründerzeit Georg Sabinus', ein Schwiegersohn Melanchthons, als *Rector perpetuus* vor. Familiäre Bindungen stärken das Verhältnis der Ostmark zum Wittenberger Humanistenkreis. Luthers Sohn Johannes studiert mit einem Stipendium des Herzogs in Königsberg (1575 wird er am Altar der Altstädtischen Kirche beigesetzt), Luthers jüngste Tochter Margarete heiratet den Edelmann von Kunheim (zur letzten Ruhe wird sie in Mülhausen, südlich von Königsberg gebettet), Luthers Schwager

Im Hof des Königsberger Schlosses. Ab 1257 als Burgbereich angelegt, wird das Schloß zum Symbol preußischer Geschichte. Hier hatten sich die Ritter versammelt, bevor sie zu den »Reisen« des Ordens aufbrachen, hier huldigten die Volksmassen den Ständen, endeten die prächtigen Krönungszüge der preußischen Herrscher.

Das Königsberger »Blutgericht«. Im Kellergewölbe des Schlosses, einst Sitz des Hofhalsgerichts, hat die Salzburger Flüchtlingsfamilie Schindelmeißer eine der stimmungsvollsten Weinstuben in deutschen Landen eingerichtet.

Das Kant-Haus am Prinzessinplatz. Wenn man sich Kants Haus näherte, so kündigte alles einen Philosophen an. Das Haus war etwas antik, lag in einer zwar gangbaren, aber nicht viel befahrenen Straße und stieß an der Hinterseite an Gärten, Gräben und Gebäude des Schlosses.

Grabmal Kants. In einer offenen Arkadenhalle an der Nordwand des Doms bestattet, baut Königsbergs Akademieprofessor Lahrs das würdige Grabmal über der Grablege zur Feier des 200. Geburtstags des Philosophen.

Johann von Bora folgt dem Ruf als Burggraf von Memel.

Die Geschichte Königsbergs ist die Geschichte seiner Universität. Die Albertina prägt bis zur erzwungenen Einstellung des Lehrbetriebs im Jahre 1945 das geistige Antlitz der Region, ihr Einfluß auf Wissenschaft und Geisteskultur ist übergroß. Mit der Alma Mater verbunden sind Persönlichkeiten wie der Poesieprofessor Simon Dach, der Jurist von Simson, die Philosophen

Herbart und Rosenkranz, der Arzt und Physiker Hermann von Helmholtz. Hier wirkten der Naturforscher Ernst Baer, der Universalgelehrte Karl Gottfried Hagen, der Mathematiker David Hilbert und der Rechtshistoriker Felix Dahn, der während seiner Königsberger Zeit am episch-breiten Romanwerk »Ein Kampf um Rom« schrieb. E.T.A. Hoffmann, Zacharias Werner, Theodor Gottlieb von Hippel, Ferdinand Gregorovius, Kant, Hamann, Herder ... mit seinem Roman »Der tolle Professor« führt der Erzähler Sudermann in das Studentenleben, das Atmosphärische der Universität ein.

Kontroverser Albertina-Professo war der altstädtische Pfarrer Andreas Osiander (eigtl. Hosemann), der in Nürnberg zusammen mit Hans Sachs und Albrecht Dürer die Reformation durchgesetzt hatte. Protegé des Preußenherzogs löst seine Rechtfertigungslehre am Pregel den »Osiandrischen Streit« aus, mit gravierenden Differenzen während der Königsberger Disputation. Dafür würde den Religionsspalter Preußens nach seinem Tod der *Deiwel* holen. So jedenfalls das Gerede. Jedenfalls waren Osianders Gebeine am Tag, an dem man seine Gruft in der Altstädtischen Kirche öffnete, nicht mehr zu finden. Die für Preußen erlassene Kirchenordnung übernimmt die Wittenbergische Orthodoxie.

Königsberg ist die Stadt des abendländischen Geistes, der religiösen und nationalen Toleranz. Hier werden Gesangbücher und Katechismen für Prussen, Litauer und Masuren gedruckt. Hier können sich, obwohl *öffentliche Gepränge mit Leich-Sermonen* nur den drei großen Konfessionen gestattet sind, Juden und Hugenotten ansiedeln, hier erhalten die Mennoniten Sprunk und van Höfen auch gegen den Widerspruch einheimischer Lutheraner Niederlassungsrecht. Ob aus christlicher Nächstenliebe oder aufgrund der Tatsache, daß die Taufgesinnten den besten Kornbranntwein *nach Danziger Art* herstellten, wurde nicht hinterfragt.

Immanuel Kant (1724–1804). Ostpreuße durch Natur und Verstand, sind es Kants Gedanken, die ihn zum Weltbürger machen, ohne daß er die engere Heimat jemals verlassen hätte (Schattenriß um 1800).

Jedenfalls steigt mit ihnen die lokale Branntweinherstellung gleich ums Zehnfache, was auch dem Stadtsäckl zugute kommt.

Königsberg hatte seinen Zuzug von außen, Königsberger wiederum zog es vom Pregel »in alle Welt«. Unter ihnen Michael Willmann, der – auf dem Rollberg geboren, damit waschechter Ostpreuße – ausgerechnet als »Schlesiens Raffael« in der Kunstgeschichte steht. 1724 flieht der Pfarrersohn Johann Christoph Gottsched vor den Soldatenwerbern des Preußenkönigs nach Leipzig, zu seiner Zeit des Reiches gebildetste Stadt. Dort wird er als Spracherzieher zum Reformer und geistigen Führer der Frühaufklärung. Gottsched schreibt eine »Sprachkunst« zur Förderung der deutschen Grammatik, dazu eine »Redekunst« zur Hebung des guten Geschmacks. Als Professor der Weltweisheit tritt er gegen Phantasie und Gefühl in der Dichtung auf, um dem Deutschen in der Literatur einen ähnlichen Platz wie dem Französischen zu sichern.

Früher Höhepunkt im Leben am Pregel ist die Krönung Kurfürst Friedrichs III. zum König Friedrich I. »in« Preußen (Königsbergs Schützenkönig ist er schon länger). Die Stadt, mit rund 40 000 Einwohnern jetzt doppelt so groß wie Berlin, feiert das Ereignis mit einem Riesenfest. Aus dem Brunnen auf dem Stallplatz fließt statt Wasser süffiger Wein, am Spieß gebratene Ochsen sind nach lokalem Geschmack mit Enten gefüllt. Damit sich auch der kleine Mann gut fühlen kann, bringt der »schiefe Fritz« eigens dafür geprägte Silbermünzen unters Volk. Mit der Burgkirche wird Ostpreußens erstes reformiertes Gotteshaus geweiht, das im Geiste des Pietismus organisierte Friedrichskollegium erfährt die Aufwertung zur königlichen Schule.

Königsbergs klassisches Jahrhundert bleibt vom überragenden Beitrag (ost)preußischer Dichter und Denker geprägt. Johann Georg Hamann, origineller Sohn eines Wundarztes aus der Altstadt, wird zum theoretischen Wegbereiter der literarischen Periode des Sturm und Drang. Johann Gottfried Herder aus Mohrungen, den von Hamann beeinflußten Schüler Kants, macht – »denn jedes Volk ist Volk« – die Auseinandersetzung mit Zeitproblemen zum geistigen Vater des Panslawismus. Herder ist es, dem die Königsberger Universität die geistliche Befreiung verdankt.

Im Königsberger Jahrhundert verankert ist das begnadete Multitalent E(rnst) T(heodor) A(madeus) Hoffmann, Romantiker und Realist, »ausgezeichnet im Amte, als Musiker, als Maler, als Dichter«. Der vielgelesene Klassiker schreibt Romane wie »Die Elexiere des Teufels« oder »Kater Murr«, komponiert die romantische Zauberoper »Undine« und gilt als Meister der Karikatur. Neben ihm Theodor Gottlieb von Hippel, der Theologie und Jura studierte, um sich danach als Schriftsteller und erster großer deutscher Humorist an Themen wie »Die bürgerliche Verbesserung der Weiber« oder »Die Kreuz- und Querzüge des Ritters A–Z« zu wagen.

Zentrale Gestalt des Jahrhunderts aber bleibt Immanuel Kant, der am pietistischen Collegium Fridericianum erzogene Vertreter des Kleinbürgertums. Ein unerbittlicher Logiker, »mit einer offenen, zum Denken gebauten Stirn«, dem nach Herder »die gedankenreichste Rede von den Lippen floß; dem Scherz, Witz und Laune zu Gebote standen, dessen lehrender Vortrag der unterhaltendste Umgang war«. Ein Mensch steter Pflichterfüllung, vor dessen kalter Reinheit laut Schiller »die Grazien zurückschreckten«. Ein rechter Gelehrter »... aber nicht fähig, ein Land, ein Dorf, ja nur einen Hühnerstall zu regieren, nicht einen Hühnerstall« (von Hippel).

»Reellität« und Garantie: Werbung des weit über Königsberg hinaus bekannten Wäsche- und Bettenfachgeschäfts Berding & Kühn, das in der Zwischenkriegszeit rund 200 Mitarbeiter beschäftigt.

Ostpreuße durch Natur und Verstand, sind es Kants Gedanken, die ihn zum Weltbürger machen, ohne daß er die engere Heimat jemals verlassen hätte. Von Johann Gottfried Hasse, Tischgenosse in Kants Tafelrunde, stammt die Beschreibung vom Haus am Prinzessinplatz, in dem der Philosoph die Welt deutete: »*Wenn man sich Kants Haus näherte, so kündigte alles einen Philosophen an. Das Haus war etwas antik, lag in einer zwar gangbaren, aber nicht viel befahrnen Straße und stieß an der Hinter-Seite an Gärten und Schloß-Gräben, sowie an die Hinter-Gebäude des vielhundertjährigen Schloßes mit Thürmen, Gefängnissen und Eulen ... Trat man in das Haus, so herrschte eine friedliche Stille, und hätte einen nicht die offene und nach Essen riechende Küche, ein bellender Hund oder eine miauende Katze, Lieblinge seiner Köchin ... eines*

andern überzeugt, so hätte man denken sollen, dies Haus sey unbewohnt.«

Nach seinem Tod 16 Tage lang im Eßzimmer seines Hauses »ausgestellt«, wurde der kleine große Mann der abendländischen Philosophie in einer offenen Arkadenhalle an der Nordwand des Doms bestattet, wie es Privileg für Universitätsprofessoren ist. 1880 werden seine Gebeine ausgegraben, untersucht, in einen Zinnsarg gelegt und am Totensonntag erneut im Professorengewölbe beigesetzt. Zur Feier seines 200. Geburtstags baut ihm Königsbergs Akademieprofessor Friedrich Lahrs das würdige Grabmal über der Grablege: Zwölf gewaltige Pfeiler, in der offenen Halle ein schwarzer Steinsarkophag (Kenotaph).

Kants Grablege überstand die Bombennächte von 1944 wie durch ein Wunder unzerstört, in den Zeiten des

Königsbergs Neue Universität. 1844 legt Friedrich Wilhelm IV. am Paradeplatz den Grundstein zum Neubau, 1861 findet die Einweihung durch Kronprinz Friedrich Wilhelm statt.

Heinrich Theodor von Schön (1773–1856), Politiker und Reformer aus Schreitlauken (nach einer Zeichnung von Johann E. Wolff).

Kalten Krieges ist er es, der die Reste des Doms rettet. Als die Sowjets das Mauerwerk abtragen wollen, erinnert man sie daran, daß Deutschlands bedeutendster Philosoph im Prinzip ein Vordenker des Marxismus, damit Vorkämpfer des Sozialismus war. Heute ist es üblich, daß sich Neuverheiratete am Grab Kants fotografieren, und dort dann ein paar Blumen zurücklassen.

Ein Logenplatz am Weltgeschehen

In Kants Geburtsjahr werden durch Rathäusliches Reglement Friedrich Wilhelms I. die drei Städte Königsberg vereinigt. Die Pregelmetropole darf sich Königlich Preußische Hauptstadt nennen und dazu Preußens Adler im Wappen führen. Sitz der Stadtverwaltung ist das Kneiphöfische Rathaus, einziger Galgen jener auf der Löbenichter Richtstätte beim Kreuztor. Vereint wird an einem festen Schauspielhaus gebaut, das mit Racines »Mithridate« eröffnet, Friedrich Wilhelm dann für sein Einigungswerk am Postpackhaus ein Denkmal errichtet. Tatsächlich das erste der Stadt.

Im Siebenjährigen Krieg kommt Königsberg in Russenhand, im Napoleonischen wird es nach der Schlacht von Friedland von Marschall Jean de Dieu Soults Franzosen besetzt. Diese funktionieren ausgerechnet den Domchor zum Militärgefängnis um. Im Schicksalsjahr 1807 zieht mit Preußens flüchtigem Hof ein Hauch von Weltstadt hier ein. An die zerrissene Zeit würde in Zukunft das Luisenhäuschen im Park Luisenwahl erinnern, Luises Lieblingsplatz. Im ehemaligen Löbenichtschen Rathaus erscheint die patriotische Königlich privilegierte Preußische Staats-Krieges- und Friedens-Zeitung (Hartungsche), für die Fichte und Scharnhorst Beiträge liefern. In der Löbenichtschen Langgasse beendet der Diätar Heinrich von Kleist den »Zerbrochenen Krug«.

Im Hause des Buchhändlers Friedrich Nicolovius, der Kant, Hamann und Hippel verlegt, hat der alte Arndt in seinem patriotisch-nationalen Überschwang die Frage nach des Deutschen Vaterland gestellt: »*Ist's Preußenland? Ist's Schwabenland?/Ist's wo am Rhein die Rebe blüht?/Ist's wo am Belt die Möwe zieht?/O nein, o nein, o nein, o nein/Sein Vaterland muß größer sein!*« Besonders geschichtsschwer würde das

Landeshaus in der Landhofmeister-
straße bleiben, wo die Reformer nach
Yorcks Aufruf zur Volksbewaffnung die
Rekrutierung der Preußischen Landwehr beschlossen, der Befreiungskrieg
eröffnet wurde. Der alte Yorck mochte
den späten Erfolg als Genugtuung sehen, hatte er am Pregel doch einmal ein
Jahr Festungshaft wegen Insubordina-
tion abgesessen.

Die folgende Friedensperiode bringt
Schlesiens Josef Freiherr von Eichendorff nach Königsberg. Der letzte Dichter der scheidenden Romantik mietet
sich in der Langen Reihe 4 ein, betreut
als Oberpräsidialrat sieben Jahre lang
Ostpreußens katholische Schulen,
schreibt an Dramen und Gedichten.
Am Pregel erscheinen »Ezelin von Ro-
mano« und »Meierbeths Glück und
Ende«, seinem Trauerspiel »Der letzte
Held von Marienburg« verweigern die
Königsberger nach der Uraufführung
im Stadttheater auf dem Königsgarten
allerdings den Applaus.

Ein paar Jahre später wird der vom
Pech und immer auch von seinen Gläu-
bigern verfolgte Richard Wagner hier
Aushilfskapellmeister. Der Tonkünstler
wohnt mit Minna Planer (Schauspiele-
rin, Sängerin, vier Jahre älter als er, dazu mit Tochter, die man für ihre Schwester hält) im Haus Steindamm 111.
Minna wird Richard in Tragheim/Kö-
nigsberg angetraut, Grund zur Eifer-
sucht sollte er weiterhin haben. Nachdem ihm seine Minna wieder einmal
davongelaufen ist, zieht Wagner weiter
nach Riga. Im Opernhaus am Pregel
würde man ihm einmal die Ehrenwand
einrichten.

Königsberg bleibt Musikstadt. Zur
300-Jahr-Feier der Albertina dirigiert
Otto Nicolai im Dom die Festouverture
zum Choral »Ein feste Burg ist unser
Gott«. Dem Komponisten aus der
Bandschneidergasse würde mit der ko-
misch-phantastischen Oper »Die Lu-
stigen Weiber von Windsor« bald das
Meisterstück gelingen. Königsberger
Symphoniekonzerte, Bachverein und
Schubertchor, Platz- und Gartenkon-

zerte am Schloßteich, das »Nun ruhen
alle Wälder« der Stadtmusikanten am
Abend tradiert jeweils um neun Uhr
vom Schloßturm her. In Königsberg
wird Bizets »Carmen« für das Reich ur-
aufgeführt, gastieren Brahms und
Franz Liszt. Als Faustregel konnte gelten, daß Altbekanntes hier für volle
Häuser sorgte, Modernes für Defizite.

Mit Tragheim, Sackheim, Roßgar-
ten, Steindamm, Amalienau, Marau-
nenhof, Juditten und Metgethen längst

*Von der Buchhandlung zum
Marzipan: Anzeigen Königsberger Firmen aus dem Jahre
1935.*

Agnes Miegel (1879–1964), Dichterin und Erzählerin aus Königsberg, die »Mutter Ostpreußens«.

eingemeindet, sprengt die alte Hansestadt um die Jahrhundertwende erneut ihr Korsett. Die Entfestigung ruiniert alte Mauern, überläßt der Spitzhacke Tore und Türme einer einst »großartigen Umwallung«. Was bleibt, würde bis zum Zweiten Weltkrieg stehen, der das entfestigte Königsberg als »Reichsfestung« zum »Hauptbollwerk des deutschen Ostens« macht.

Königsberg am Pregel bleibt die kürzeste Wahrheit der Stadt. Der Pulsschlag weht vom Handels-, Industrie- und Freihafen her, einem Hauptumschlagsplatz des kontinentalen Seehandels. Die Bedeutung liegt bei wachsender Konkurrenz des Schienenwegs in der Mittlerolle zwischen Ost und West. Das Stromnetz von Pregel und Memel bahnt als Binnenwasserstraße den Weg durch Teile Ostpreußens und Westrußlands, erschließt dem Hafen das ausgedehnte Hinterland.

Die Industrie führen Holz- und Metall verarbeitendes Handwerk, Mühlenarbeit und Gährungsgewerbe an. Weltgeltung kommt Bernsteinverarbeitung und Marzipanherstellung zu. Königsberg ist Absatzzentrum ostpreußischer Hochzuchten wie dem Ermländer Kaltblut, mit einem Urahn im Ordenspferd, und dem zähen Trakehner, der berühmte Stammväter wie Pythagoras, Parzifal, Dampfroß oder Tempelhüter hat.

Die Bürgerschaft ist deutsch, Weltanschauungen und Lebensformen prallen nicht aufeinander. In der Krummen Grube, im Nassen Garten oder auf dem Schiefen Berg, im Straßengewirr und auf dem König-Ottokar-Platz, im Vorort Jerusalem, auf der Insel Venedig oder der Dittchenfähre von Kai zu Kai wird nach Jahren des Wachstums neben Hochdeutsch oder Plattdüütsch auch polnisch, litauisch, lettisch, russisch, englisch, schwedisch, holländisch oder dänisch gesprochen. Doch die geschichtlich gewordene Einheit stört kein Nationalitätenproblem.

Zu Beginn des Ersten Weltkriegs verliert Käthe Kollwitz, Enkelin eines

freireligiösen Predigers und Tochter des verhinderten Jurastudenten und praktizierenden Maurermeisters Karl Schmidt, ihren Sohn Peter. Den Ruf als Künstlerin verdankt *Katuschchen* Radierungen wie »Ein Weberaufstand« oder »Bauernkrieg«. Nach dem Weltbrand würden Arbeiten wie die Holzschnittfolge »Krieg« und das Plakat »Helft Rußland« folgen. 1936 erhält die überzeugte, streitbare Sozialistin Ausstellungsverbot.

Besuch des leichten Kreuzers »Königsberg« in seiner Patenstadt. 1905 in Kiel vom Stapel gelaufen, wird die S.M.S. »Königsberg« – Taufspruch: »Biet dem Feinde Trotz,/Sei dem Vaterlande Schutz/Und treu bis zum Tod/in Kampf und Not« – im Indischen Ozean vom Kriegsbeginn überrascht und im Mündungsdelta des Rufidji selbstversenkt.

Johann Friedrich Dieffenbach (1792–1847), Mediziner und Chirurg aus Königsberg.

Der Isolation vom Reich nach der Einrichtung des Korridors begegnen die Königsberger mit verstärkten wirtschaftlichen Anstrengungen, mit ungebrochener Lebenskraft. Sie bauen den Hafen weiter aus, legen einen Flugplatz an und erneuern die Bahnanlagen. Sie nehmen den ersten Sender der Ostmarken-Rundfunk AG in Betrieb und richten die Ostmesse als östlichstes Werbezentrum der deutschen Wirtschaft, als Hoffnung des deutschen Nordosten aus.

Leben und Sterben am Pregel

Königsbergs historische Fassade, durch Kriegseinwirkungen und Brandkatastrophen gezeichnet, hat weniger Altes, als es ihrem Alter entspricht. Das ursprüngliche Bild, schmale Häuserfronten, drei, vier Stockwerke mit dem Giebel zur Straße, konnte sich am besten auf dem Kneiphof erhalten. Prominentestes Gebäude ist das Schloß, das die quirlige, eng verwinkelte Alt- und moderne Gartenstadt dominiert. In der Schloßanlage haben sich Geschichte und Geschichten wie Jahresringe eingegraben. Einst Etappe *reisender* Kreuzritter und ihrer Gäste, Sitz des samländischen Domkapitels, diente sie dem Ordenshochmeister als Residenz, siechen Rittern als Altersheim, Preußens Herzögen und Königen als Wohnpalast.

An-, um- und ausgebaut sind in neuerer Zeit hier Behörden untergebracht, das Staatsarchiv, die Altertumsgesellschaft Prussia und Kunstsammlungen der Stadt. Die alten Mauern umfassen den Moskowitersaal, wo Könige und Kaiser tafelten, die Stiftungskammer des Schwarzen Adlerordens, die Krönungskirche der Hohenzollern und im ältesten Teil die mächtigen Halbstöcke des symbolträchtigen Blutgerichts. Hier hatte einst das Hofhalsgericht gesessen, dessen Rechtssprechung Handgreifliches in der *Peinkammer* und *Spanischen Nadel* entgegenkam. Gegen Ende des 18. Jhdts. richtete eine Firma, die ausgerechnet Koch und

Richter hieß, in den Räumlichkeiten eine Weinhandlung ein, die die Salzburger Flüchtlingsfamilie Schindelmeißer zu einer der stimmungsvollsten Weinstuben in deutschen Landen, zum »Auerbach-Keller des Ostens« ausbaute.

Das Blutgericht, jenes für den eher heiteren Lebensgenuß, hat dann mehrere Räume, darunter die Große Halle mit Koggenmodellen und Fässern und eine Marterkammer, in der der Weinkenner sein Glas *Blutgericht Nr. 7* getrunken haben muß. Der eine oder andere trinkt sicher auch mehr, jedenfalls meldet Robert Johannes aus der alten Kult- und Kulturstätte wie selbstverständlich: *»In unserm alten 'Blutgericht'/ hei, wie die Propfen knallen!/ Ist mancher, ob er wollt, ob nicht,/ die Trepp hinaufgefallen ...«*

Neben dem Schloß die große Sehenswürdigkeit ist der etwas ungefüge, schwere Dom, dessen spitzer Turm sich über den Dächern des Kneiphofs erhebt. Das Gotteshaus, eines der schönsten Kirchenmuseen des deutschen Ostens, deckt die Gruft der Ordenshochmeister und -marschälle, der Herzöge von Preußen, von Persönlichkei-

Sortieren des Bernsteins nach »großer und kleiner Ware«, Farbe und Form. »Ostpreußens Gold«, tatsächlich kein Stein, sondern das verfestigte Harz von Nadelbäumen, wird seit dem Altertum als Schmuck- und Amulettmaterial geschätzt.

Die Ruine des Königsberger Schlosses. Durch die britische Luftwaffe schwer getroffen, der Zerstörungswut sowjetischer Soldaten ausgesetzt, wird die Schloßruine 1969 gesprengt und abgetragen.

ten wie Gertrud Möllerin, der dichterisch begabten »Pregelhirtin«. Im Domturm ist in wundervoll faustischen Gemächern, einst Treffpunkt geistiger Landeseliten, die Wallenrodtsche Bibliothek untergebracht.

»Jedem Deerke sin Pläseerke«: Königsberg hat ein Bernsteinmuseum mit Ovids einzigartigen Göttertränen, ein Stadtgeschichtliches Museum im alten Kneiphöfischen Rathaus (mit Junkerhof), ein Freiluft-Museum im Tiergarten und einen Wrangelturm am Wallring zwischen Kunsthalle und dem Oberteich. Für auswärtige Gäste empfehlen sich Königsgarten, Schauspielhaus und Börse an der Grünen Brücke, Promenaden auf den Wällen und dem Philosophendam, Zippelkähne der Zippelkuren am Lindenmarkt und architektonisch reizvolles Fachwerk in der jahrhundertealten Speicherstadt am Hundegatt. Dazu der sehens- wie hörenswerte Fischmarkt beiderseits der Schmiedebrücke.

Königsberger treffen sich im Bürgerheim auf dem Unterrollberg, das Menü für RM 0,70, in den Cafés Schwermer oder Bauer, bei Gondelfahrten auf dem Oberteich oder auf der Pferderennbahn Carolinenhof an der Cranzer Allee. Geselligkeit ist in der Burschenschaft Cheruscia, im Club der Schlittschuhläufer oder im Damen-Sport-Verein, Stimmung beim Lokalderby Rasensport Königsberg Preußen gegen den VfB Königsberg angesagt. Ihr Marzipan kaufen sie bei Feige, in der

»Siegel'schen Conditorei« oder bei den Hofkonditoren Pomatti am Altstädtischen Markt (immer auch irgendwo anders), Schleckereien in der Sackheimer Bonbonkocherei. Bücher gibts bei Gräfe und Unzer, Deutschlands größter Buchhandlung der Zeit, Journale bei Zappa, Postkarten bei Pohlmann. Filme werden in der Scala, der Schauburg oder im Münztheater gezeigt. Hehemann in der vorstädtischen Langgasse nimmt beim Möbelkauf »Ehestandsgutscheine« in Zahlung.

Wer gut leben mit gut essen verbindet, kann den Stadtbummel zum kulinarischen Wanderweg machen. Die »Königsberger Fleck«, an Ecken und auf Plätzen angeboten, ist bereits gewürdigt. Auf Ostpreußens Speiseplan stehen Schmandhering, Kröllerbsen und Keilchen, Hammel-Kümmelfleisch und Glumskuchen, Kaulbraschsuppe oder Karpfen in Bier. Die Krähe, vom *Krajebieter* der Nehrung gefangen und totgebissen, wird selbst in ersten Häusern als Leckerbissen serviert, das Bauernfrühstück am Abend (!) gegessen. Als eigentliches Nationalgericht – etwa das, was dem Schwaben Spätzle sind – gilt am gescheuerten Tisch wie an feingedeckter Tafel der Königsberger Klops (ein altbackenes Brötchen, Knoblauch, Petersilie, Butter, eine Zwiebel und Kalbfleisch vom Hals, Schweinebauch, durch den Fleischwolf gedreht und mit feingehacktem Salzhering veredelt, Pfeffer, Mazis und geriebene Zitronenschale. In Kloßform geformt aufge-

Der Seedienst Ostpreußen. Nach Versailles sind es Schiffe des Seediensts wie die »Odin«, »Hertha« oder »Tannenberg«, die den freien Zugang in das von Polen und Litauen umklammerte Ostpreußen ermöglichen.

kocht, aufgetragen mit einer Tunke aus Zitronensaft, Semmelbrösel, Eigelb, Kapern, Pfefferkörnern und Lorbeerblatt) ... *dat Äte schmeckt tom Huckebliebe!*

Wem Königsberg zu eng wird, der fährt zum Rummelplatz vor dem Friedländer Tor, nach Juditten, Charlottenhof, Friedrichsstein, Arnau und Aweyden oder zu Kants Sommerhaus in Moditten. Die Verbindung mit Cranz, erstes, größtes, am häufigsten besungenes Seebad der Samlandküste, stellt die Dampfbahn her. Von frühen Prospekten als »Hauptsammelplatz der vornehmeren Welt Königsbergs und Umgebung« gepriesen (*»man speiset table d'hôte zu 12 Sgr.; im monatlichen Abonnement für 10 Thlr«*), ist die Heilwirkung der See hier besonders groß. Vor Cranz gehen die kräftigsten Wellen an Land. Westlich davon streckt sich einer

der schönsten Landstriche Ostpreußens – »der Welt«, glaubt man Lokalpatrioten – mit Neukuhren, Warnicken und der Samland-Perle Rauschen.

Zuerst Ehrendoktor der Albertina, wird Agnes Miegel 1939 Ehrenbürgerin ihrer Heimatstadt. Tochter einer Kaufmannsfamilie des Kneiphofs, hat sie sich in Berlin als Krankenschwester ausbilden lassen, in Bristol als Erzieherin versucht, dabei ihr Interesse an der lyrischen Dichtung entdeckt. Miegels »Gedichte und Balladen« erscheinen kurz nach der Jahrhundertwende, zurück am Pregel arbeitet sie als freie Schriftstellerin und Journalistin der »Ostpreußischen Zeitung«.

Als Agnes Miegel der Geburtsstadt den Nachruf widmet *»Als euch der Feuersturm verschlungen hat,/ Da starbst Du, Dom mit Deiner Stadt!«* gibt es, von der Optik her, kein eigentliches Königsberg mehr, haben zwei Augustnächte 700 Jahre ausgelöscht. Königsberg war bis zu den Luftangriffen des Jahres 1944 von direkten Kriegshandlungen verschont gelieben. Erst jetzt brannten Schloß und Dom, zwölf ehrwürdige Gotteshäuser, Börse, Opernhaus und Friedrichskolleg. Erst jetzt gehen das Kneiphöfische Rathaus, Speicher, Kontore, jahrhundertealte Kauf- und Wohnhäuser, die neue und die alte Universität unter.

Das aus dem Katharinenpalast von Zarskoje Selo recht fachmännisch ausgebaute und von der Wehrmacht nach Königsberg gebrachte Bernsteinzimmer, das Friedrich Wilhelm I. einst gegen 55 Lange Kerls Peters des Großen eingetauscht haben soll, hat in Kisten verpackt den Schloßbrand überstanden. Die letzte Nachricht davon stammt vom 12. Januar 1945, danach verliert sich jede Spur.

Noch im Januar riegeln sowjetische Truppen die »Festung Königsberg« von ihren Landverbindungen ab. Nur kurz gelingt es bei Metgethen, einen Korridor nach Pillau zu öffnen (nachdem alles vorbei ist, »Straße des Todes« genannt). Im März tönt ein Heldentod-Spezialist wie Kreisleiter Ernst Wagner im Aufruf an die Stadtverteidiger: *»Kämpft wie Indianer und schlagt Euch wie Löwen! Seid listig! Schießt bis zur letzten Patrone und kämpft bis zum letzten Kolbenschlag! Wer nicht kämpfen will und abhaut, wird umgelegt!«* Am 7. April dringen Sturmspitzen der 3. Weißrussischen Front in die brennende Trümmerlandschaft ein, zwei Tage später unterzeichnet Generalleutnant Otto Lasch die Kapitulation. Hitler lässt ihn dafür wegen Feigheit vor dem Feind in contumaciam zum Tode verurteilen, gegen seine Familie wird Sippenhaft verhängt. Da die Aufforderung zur Flucht der Zivilbevölkerung erst viel zu spät erfolgte, bleiben rund 110 000 Zivilisten zurück. Von ihnen kommen bis Oktober rund 85 000 durch Mord, Verschleppung, Hunger und Seuchen ums Leben.

»Zu den Möwen an die See mit Samlandbahn und K.C.E.«
Werbung der Königsberg-Cranzer Eisenbahn-Gesellschaft, die mit der Memel-Cranzer-Dampfschiffahrts-Gesellschaft die Land/ Seeverbindung von der Metropole nach Memel unterhält.

Denkmal Kaiser Wilhelms I. (1884). Der Monarch im standesgemäßen Purpurmantel, mit Preußenkrone und Albrechtschwert, überstand die Zerstörung der Königsberger Innenstadt. Abgetragen wird die 6,80 m hohe Figur erst nach dem Krieg.

Am 4. Juli 1946 wird das gründlich zerschossene, gebrandschatzte und eingeebnete Königsberg (polnisch: Krolewiec, litauisch: Karaliaucius) zu Ehren des Altbolschewiken Michail Iwanowitsch Kalinin in Kaliningrad umbenannt. Dem Namenspatron fehlt jede Beziehung zur mühsam wiederbelebten Stadt, nicht anders fühlen umgesiedelte Russen, Armenier, Litauer, Ukrainer, Tataren, Tschuwaschen oder Kasachen. Dem Zuzug, der jetzt über den Leninskij prospekt geht, sich in der ul. Karla Marksa trifft oder auf dem Platz des Sieges am Nordbahnhof (früher Adolf-Hitler-, noch früher Hansaplatz), gilt – ironisch gebrochen – der 7. April 1946 als Gründungstag Kaliningrads. Ein realsozialistisches Mutter-Rußland-Monument, ein Friedensprospekt, Komsomolzenpark oder ein Standbild Kalinins ... ganz unrecht haben die neuen Machthaber im sehr

alten Land mit dem Datum nicht.

Bekannteste Ruine würde der Dom bleiben, dem ein Sergej Smirnow unter den ideologischen Prämissen der kommunistischen Herrschaft in den Nachruf schreibt: »*Er stand in voller Pracht. In ihm unter Lärm und Geschrei wurden gekrönt alle deutschen Herrscher. Ein geschlagener Riese. Reihen kolossaler Säulen. Hier ist bestattet Kant, der idealistische Philosoph ... Der Philosoph leugnete den Materialismus der Welt. Jedoch die Menschen dieses Landes nannten sich eine höhere Kaste, und anstelle von Kant zogen sie die grausame Geistesverfassung Nietzsches vor. Und so konnte es zu Raubzügen und Gewalttätigkeiten kommen. Und nun steht der Dom im Westen Rußlands. Er steht unfroh, durch den Krieg entstellt. An der Stelle von Königsberg brodelt Kaliningrad ... Siehst du jetzt, Kant, daß die Welt materiell ist?*« Doch Geschichte kann durchaus auch ironisch sein: Mit dem Zerfall der Sowjetunion läßt sich die Lage des Kaliningrader Oblast mit jener Ostpreußens in der Zwischenkriegszeit vergleichen. Der Exklave, jetzt eingeklemmt zwischen Litauen und Polen, fehlt die direkte Verbindung zum Mutterland.

Agnes Miegel, die der geschundenen Pregelstadt im »Abschied« ein *»und daß Du, Königsberg, nicht sterblich bist«* versichert hatte? Die wohl bedeutendste Schriftstellerin des Preußenlandes, seiner Menschen und Natur, seiner Sagen, Mythen und historischen Kontinuitäten, konnte das »Land der 1000 Ruinen« 1945 rechtzeitig verlassen. Außerhalb des eigenen Kreises, dort, wo Heimatgefühl, die Liebe zur Scholle und das offenbar dazugehörende Leid weniger gefragt sind, mochte sie »nur« als Heimatdichterin gelten. Für die vertriebenen Landsleute ist sie etwas wie – sagt's man mit Pathos – die »Mutter Ostpreußens«. Ein Symbol der verlorenen Heimat, die sie zurückforderte: *»Für dies verzettelte Leben/ Das wie Wasser durch meine Hände rann,/ Wenn ich es endlich lassen kann/ Was wirst Du mir, Gott, dafür geben?/ O nicht Dein Paradies!/ Was sind mir Engel und weiße Märtyrerkronen?/ Laß die Heil'gen und Büßer bei Dir wohnen,/ Mir gib die Erde wieder, die ich verließ!«*

Es sind die transparenten Erzählungen Agnes Miegels, die die Erlebnisgeneration auf altpreußischen Boden zu Preußens Menschen und an die noch deutsche Ostseeküste führen … die Vergangenes wie Gegenwärtiges, Bleibendes pflegen. Ihre Lyrik, ihr kraftvoll-monumentales erzählerisches Werk, in dem sich die seelische Eigenart des Ostpreußen spiegelt, wurden mit dem Kleist-Preis, der Ehrendoktorwürde der Albertina, der Wartburgrose und dem Goethe-Preis der Stadt Frankfurt/Main gewürdigt.

Königsberg nach einer Bombennacht, rechts das zerstörte Löbenichtsche Realgymnasium. Lange vom Krieg verschont, legen Flugzeuge der RAF im August 1944 die Innenstadt in Trümmer. Königsberg, bereits in aussichtsloser Lage zur Festung erklärt, kapituliert am 9. April 1945.

Hier ist die Brücke von Erdteil zu Erdteil ...

Vor dem Stadttheater Memel, zwischen Dange und Altstädter Markt, ist ein recht unscheinbares Denkmal aufgestellt: ein Brunnen mit der in Bronze gegossenen Gestalt eines lebensgroßen, ostpreußisch-bezopften (vielleicht typisch deutschen) Mädchens aus der Provinz, ein Sockel mit dem Portraitmedaillon von Simon Dach. Sockel, Brunnen und frisches Marjellchen sollen an das Ännchen von Tharau des Volkslieds erinnern, dessen Text Dach zugeschrieben wird. Preußens Sänger, Sohn eines Gerichtsdolmetschers, war Memeler aus prussischer Familie ...

Um 1675 lebt am Einfluß der Dange ins Memeler Tief der Handwerksmeister Hans Kant. Einen seiner Söhne sollt es nach Königsberg ziehen, wo er als Riemermeister arbeitet, eine Riemermeisterstochter heiratet. Ein Enkel wird auf den Namen Immanuel (»Gott mit uns«) getauft. Die Kants sind vom Stammbaum her Kuren ...

Unter den bekannten Söhnen des Memellandes fällt Hermann Sudermann auf, geboren »im grünen Geheimnis« Matziken/Kreis Heydekrug. Den Dramatiker, der neben Romanen einige Dutzend Bühnenwerke schrieb, reihen Werke wie »Die Ehre«, »Fritzchen« oder »Notruf« in die Elite des Naturalismus ein. Hermann Sudermann entstammt einer holländisch-mennonitischen, preußisch-litauischen Familie.

Dach, Kant und Sudermann ... die Stammverwandtschaft der Bevölkerung des Memellandes, ihre Vielfalt im flächenmäßig an Luxemburg erinnernden Areal, kann nur angeschnitten, der Pluralismus der Region längst nicht erschöpfend aufgezeigt werden.

Zur notwendig werdenden Erklärung der Termini: Als »Memelland« könnte man etwas unbestimmt bis zum Ersten Weltkrieg eine Landschaft zu beiden Seiten der unteren Memel bezeichnen: die Kreise Memel, Heydekrug, Tilsit-Stadt und -Land, Niederung, Ragnit und Pillkallen, wie sie in die festen Grenzen des Hohenzollernstaats gehören. Ein historischer Begriff ist es allerdings nicht. Das »Memelgebiet« umreißt ein politisches Gebilde, das eine Landschaft nördlich der Memel und die Nordhälfte der Kurischen Nehrung eher kurzfristig umfaßt. Rund

Medaillon des Poesieprofessors und Versdichters Simon Dach, dem die Nachwelt das Volkslied »Ännchen von Tharau« zuschreibt.

Tilsits Rathaus (1753–1755) in der Deutschen Straße. Gegen Ende des Zweiten Weltkriegs im Zentrum der Abwehrkämpfe, wird die Stadt des Freiheitssängers Max von Schenkendorf schwer zerstört.

Seite 90: Blumen- und Sahnemarkt vor dem Stadttheater von Memel. Über dem Marktgeschehen das Ännchen von Tharau auf dem Sockel des Simon-Dach-Brunnens.

Tilsits Königin-Luise-Brücke nach der Grenzziehung von 1920. 1907 gebaut, erinnert die Brücke an Preußens dunkle Stunde, in der das Königreich trotz Intervention seiner legendären Königin über die Hälfte seines Gebiets verlor.

Von den Preußen wie eine Heilige verehrt: Königin Luise (1776–1810), Gemahlin Friedrich Wilhelms III.

500 Jahre als Teil Preußens unbestritten, haben die Siegermächte hier 1918/19 nach zähem Ringen zwischen Polen, Litauern, Deutschen und Franzosen einen Freistaat eingerichtet. Als Ostgrenze diente die der Ostsee zustrebende Linie nach Rußland/Litauen hin, im Südwesten ist der Memelstrom in der Hauptfahrrinne geteilt.

Siegerwillkür und erlittene Geschichte. Vorbei sind die Zeiten, in denen Dach dem Fluß mit behaglichem Humor die Zeilen widmete: »O Mümmel, welcher Strom zur Rechten und zur Linken/ Viel Lust und Reichtum hegt, den soviel Wiesen trinken/ Und manche Nymphe liebt, darein sie flüchtig fällt/ wird ihr nicht ohn' Gefahr der Keuschheit nachgestellt.« Mit der alten Wasserstraße, bisher nie ein Hindernis für die Menschen *zur Rechten und zur Linken*, als willkürlicher Trennungslinie, konnten die im Krisenbogen lebenden preußisch-deutschen Memelländer über Nacht nicht mehr als rechte Deutsche gelten, ist Deutschland von Rußland abgeriegelt ...

Das Memelland war das Land der Königstreue und der Gläubigkeit, der Pferdezucht und der Wilddiebe, der Moor-, Wald- und Heideflächen. Immer auch des Ostpreußenlieds: »*Und die Meere rauschen/den Choral der Zeit,/Elche steh'n und lauschen/in die Ewigkeit.*« Es war das Ende der deutschen Welt, mit einem äußersten Punkt Nimmersatt, »*wo das Deutsche Reich ein Ende hat*«. Dort galt ein roter Ziegelbau an der langen Birkenstraße von Memel herauf als absolut letztes (positiv gesehen: erstes) Haus des Reiches. Unter seinem Dach waren Büro und Wohnung des Fleischbeschauers, der Vieh- und Fleischimporte aus Rußland kontrollierte, untergebracht.

Ärmer als im übrigen Ostpreußen waren hier die Dörfer, kleiner die Kirchen und schweigsamer die Menschen, die bodenverbunden, in sich ruhend, zu den wohl konservativsten Erscheinungen Europas zählten. Ernst Wiechert hielt in seinem Memelbilderbuch fest: »*Hier ist die Brücke von Erdteil zu Erdteil, und vor ihrem Pfeiler steht stumm ein ernstes Geschlecht, wachend,*

grübelnd, kämpfend, den Helm über der Stirn, den Schild vor der Brust. Kurz ist der Frühling in ihrem Land, und vom September bis zum Mai steht der Nebel vor ihrer Tür. Sie haben weder Dome noch Paläste noch Glanz der Sage noch Größe der Geschichte. Aber sie wissen vom Kampf mit Meer und Strom und Eis, und sie wissen vom Kampf mit denen, die gleich Wölfen einbrechen möchten in ihren gesicherten Hof. Sie wissen von Tränen, Unrecht und Gewalttat, nicht nur aus der Zeit, als eine unglückliche Königin die letzte Zuflucht fand zwischen Meer und Strom. Viele Augen wenden sich allabendlich nach dem verlorenen Vaterland, und viele Seufzer gehen leise um unsere behütete Tür. Sie sollen nicht glauben, daß wir nicht sehen und nicht hören wollen.«

Hier lagen Flecken wie Kissinnen und Wannaggen, Pabuduppen, Neukirch, Seckenburg oder Kuckernese, Fischerdörfer wie Tawe und Karkeln, die – von größeren Ortschaften wie Heydekrug, Pogegen und Willkischken, von einem Ferienzentrum wie Schwarzort und der Künstlerkolonie Nidden abgesehen – ein paar Kilometer weiter bereits Geheimnis waren. Stadt und Land mangelt es an weltläufigen Persönlich-

Tilsit: Blick auf die Königin-Luise-Brücke und die evangelische Stadtkirche (1598– 1612). Nach Versailles Ostpreußens Verbindung zum Memelland und Wahrzeichen der Stadt, wird die Königin-Luise-Brücke gegen Ende des Zweiten Weltkriegs von deutschen Soldaten gesprengt. Nur das barocke Portal bleibt erhalten.

*Tilsit aus der Vogelperspekti-
ve. Mit der Grenzziehung
von 1920 verliert die Stadt,
die ein Frieden und ein Käse
exponierte, das Hinterland
auf dem rechten Memelufer.*

*Wilhelm Voigt (1849–1922),
Schuhmacher und »Haupt-
mann von Köpenick« aus
Tilsit.*

keiten, die, zu Übergrößen verklärt, etwas bewegten, die Schlagzeilen schrieben oder in Fußnoten auftauchten. Überlagert wird der Kampf ums Dasein, mit der See, mit dem Fluß, doch das Interesse an Kunst oder Wissenschaft, Schreibpult und Feder, Memel selbst handelt mit Holz und Heringen, bietet Rinder-, Roß-, Schaf- und Kalbshaut an, hat eine Dampfkesselheizerschule und ein Oberfischmeisteramt fürs Haff. Was ihm fehlt, ist die welthistorische Stunde, die ureigene Vergangenheit, hat es doch jeweils nur an geschichtlichen Entwicklungen anderer Gebiete teilgenommen, das Schicksal Kurlands, der Ordensprovinz, Brandenburgs oder Preußens geteilt.

Den Menschen rechts und links der Memel, wie sie Pillibeits, Pillkuhns oder Broschells, Kukulies oder Fehlaus heißen und hießen, würde es niemand verübeln, doch es ist zu wenig, um reichsweit von sich reden zu machen. Deutsche Geschichte, baltische Vorgeschichte, preußisch-litauische Mischkultur und Weltpoltik: Ins Gespräch rückt die Landschaft erst, als alles verloren scheint.

Memele, Mimele, Mümmel oder eben Memel, die See- und Handelsstadt an der Nordspitze des Kurischen Haffs, vom Meer her gegründet, mit dem Gesicht zum Meer, ist älter als Königsberg. Memel kann nicht unwidersprochen als lockende Kapitale gelten (ein Prädikat, gegen das lokale Deutsche, Litauer, Kuren, Holländer und Schotten Einspruch erheben). Würde man Schicksal, das Verhängnis einer Grenzstadt, die durch Jahrhunderte immer wieder heimgesucht, mehrfach zerstört oder mit Bravour verteidigt wurde, allerdings mit Größe messen ... es wäre unter Europas Metropolen.

Die Frühzeit bestätigt das Wappen mit dem Torturm einer Stadtbefestigung zwischen zwei Baaken, im Vordergrund ein Kahn, wie es mit Abweichun-gen den Siegel des Deutschordenkomturs spiegelt. Die Vergangenheit beginnt, historisch gesichert, mit dem livländischen Schwertbrüderorden als Speerspitze des Christentums im schalauisch-kurischen Raum. 1252 beurkundet Eberhard von Seyne, Deutschmeister von Livland und Kurland, die Vereinbarung zum Bau einer Burg, die die Aufgabe hat, am uralten Strandweg von der Pregelmündung her nach Riga den Ausgang des Kurischen Haffs zur Ostsee zu sichern.

Die Burg, im Weichbild der älteren Litauerfeste Klaipeda mit Holz gebaut, wird Neu-Dortmund getauft, bald darauf jedoch durch das Steinhaus Memele castrum oder *Mümmelburgk* ersetzt. Die Ortsbezeichnung ist ein Irrtum, halten die Ritter mit dem roten Kreuz und roten Schwert auf weißem Grund, in Verkennung der Geographie, die Dangemündung ins Haff doch für den Ausfluß der Memel.

Konkurrierende Heiden, livländische und kurische Stämme, prussische Schalauer, litauische Samaiten, Samen und Nadrauer fordern den Ritterclan heraus, die frühen Jahre stehen im Zeichen erbitterter Kämpfe. Die Memeler bleiben aufgrund der Abseitslage in

Ragnit an der Memel. Das Feste Haus Ragnit, Sitz des Komturs der altpreußischen Landschaft Schalauen, galt als eine der wehrhaftesten Burgen des Ordenslandes. 1772 wurde die um die Feste entstandene Marktsiedlung von Friedrich Wilhelm I. zur Stadt erhoben.

Blick auf die Memel vom Ragniter Schloßberg aus. Die Memel entspringt westlich von Minsk, trifft bei Schmalleningken auf preußisches Gebiet, um sich bei Kallwen in die Hauptarme Russ und Gilge, dann in eine Reihe von Nebenarmen zu teilen. Wo sich der Fluß gabelt, verliert er seinen Namen.

Seite 97 (oben): Salzburger Bauernhaus in der Stromlandschaft der Memel. Mit den Gebirglern im Flachland blühen die verlassenen Pesthöfe wieder auf, hebt sich der Kulturstand dank moderner Wirtschaftsformen.

guten wie in schlechten Tagen weitgehend auf sich selbst gestellt: »*Die Mimele war zu verne gelegen, Got, er musste sich selber verpflegen*« in der Reimchronik der Zeit. Als die Falschgläubigen für den Weg zur Erlösung unterworfen sind, ist das Land nahezu menschenleer, tatsächlich nicht viel mehr als eine große Wildnis, wie man sie offiziell nennt.

Anno domini 1326 treten die Schwertbrüder die Burg, die Siedlung und das Gebiet Memel bis zur Heiligen Aa und zum Oberlauf der Minge an den Deutschen Orden ab. Die Deutschherren bauen die Burg zum Schutz der Küstenstraße von Preußen nach Livland zu einer mächtigen Festung aus, siedeln in ihrem Schatten den Nachzug des Reiches an. Mit Bauern und Hand-

werkern, Beamten, Geistlichen und Kaufleuten wächst Memel zur nordöstlichsten deutschen Stadt, die bis zum Ersten Weltkrieg weder zu Polen, Rußland oder Litauen gehört. Die Memeler leben, mit Königsberg und Danzig in zäher Konkurrenz, von ihrem Hafen, Haff und Ostsee, um den Anschluß an den Weltverkehr sichern. Sie profitieren von heroischen Tagen und von Bürgerlist.

Listig waren sie, wofür sich ihr Umgang mit Erich von Schweden als gutes Beispiel aufdrängt. Während der Belagerung durch schwedische Truppen war cs den Memelern einmal recht *koddrig* gegangen. Absolut kein Grund mehr zu Optimismus bis einer auf die Idee kam, das allerletzte Stück Glumskäse, das aufzutreiben war, ins feindliche Lager zu schleudern. Ein hungernder Gegner, der mit Käse schleuderte, war einfach nicht auszuhungern, sagten sich die Schweden und zogen ab. Vielleicht ist dann alles nur Sage, Geschwätz, doch an der äußersten Memeler Festungsbrücke sollte in Zukunft ein zwei Zentner schwerer erzener Glumsesack an Schwedens gelackmeierten Erich und die erfolgreiche Verteidigung der Stadt erinnern.

Auftrieb erhält die Kolonisation im 15. Jhdt. Von Norden her wandern Kuren ein, die sich konzentriert auf der Nehrung, der sie den Namen geben, und um Memel niederlassen. Aus Samaiten kommen christliche Litauer, Läuflinge genannt, die den Landstrich geographisch zu »Preußisch-Litauen« machen. Dem Orden kommen Einwanderung und Landnahme entgegen, dezimieren hitzige Krankheiten wie der Flecktyphus, schnell um sich greifende Seuchen und die Brandfackeln seiner Kriege doch immer wieder die Bevölkerung. Die deutsche Besiedlung erstreckt sich aus dem 14. bis tief ins 18. Jhdt., bleibt jedoch überschaubar, da sich der deutsche Bauer, wenn er nicht muß, nicht gerne in einer Wildnis niederläßt. Den Deutschherren sind nationalpolitische Tendenzen fremd, das religiöse Bekenntnis wichtiger als die fremde Zunge.

In Simon Dachs Tagen hat Memel dann bereits mehrmals sein Gesicht verändert: Die Danziger haben es zerstört, um den unliebsamen Konkurrenten auf Zeit auszuschalten, die Schweden hielten es zeitweise besetzt, gewaltige Brandkatastrophen haben es heimgesucht. Viele Memeler mochten über die Heimatstadt dann durchaus denken wie Simon Dach: »Ich wünsche dir dazu deß Höchsten Gnad und Segen/ Der wolle Mauern starck sich künfftig legen/ Was kräncket und betrübt flieh ewig von dir auß/ Hergegen Gnüg und Lust krön eines jeden Haus/ Biß deiner Feinde Thor von dir werd eingenommen/ Daß, wann es wieder wird nach hundert Jahren kommen/ Du durch deß Himmels Gunst an

Reichtum, Pracht und Schein/ Das andre Königsberg in Wahrheit mögest seyn.« Doch als der Dichter seine zarte Heimathymne »O Mümmel« entwirft, hat auch er dem abgelegenen Winkel der Jugend bereits den Rücken gekehrt.

Simon Dach, in Memel geboren, hat die Domschule in Königsberg, danach die Stadtschulen von Wittenberg und Magdeburg besucht, um vor der Pest

Blick in die Hauptstraße von Heydekrug. Die längste Zeit für seine Wochenmärkte und Ziegeleien bekannt, wird Heydekrug – seit 1511 urkundlich belegt – erst 1941 zur Stadt erhoben.

Memel: Am Festungsgraben. Memels Vergangenheit beginnt historisch gesichert mit dem livländischen Schwertbrüderorden als Speerspitze des Christentums im schalauisch-kurischen Raum. Danziger, Schweden, Russen und Brandkatastrophen haben die Stadt zerstört, die Memeler immer wieder einmal zum Neuaufbau aus Schutt und Asche gezwungen. Nordöstlichste Stadt des Deutschen Reiches, wird Memel 1920 dem Völkerbund unterstellt, danach von Litauen annektiert.

Memels klassizistisches Stadttheater (1854). Die Sehnsucht nach dem alten Preußen war lebendig geblieben, die Rückgliederung wird von den Memelländern aus politischer Tagesperspektive begrüßt. Von der Balkonnische über dem Eingang des Stadttheaters verkündet Hitler 1939 die Rückgliederung des Memelgebiets ins Deutsche Reich.

wieder zurück an den Pregel zu flüchten. Dort studiert er humanistische Wissenschaften und Theologie, wird Lehrer an der Domschule, schließlich Albertina-Professor für die Kunst der Poesie. In Königsberg, so wird hinterher kolportiert, ist es die Hochzeit der Pfarrerstochter Anna Neander mit einem Pfarrer Johannes Portatius, die ihn zum Schreibgerät greifen läßt. Denn eines ist gewiß: Anke, Anna, Annchen oder Ännchen lebte tatsächlich, ist keine Sagengestalt.

Ännchen wird 1615 in Tharau, einem Dorf zwischen Königsberg und Preußisch-Eylau als Tochter des Dorfpfarrers Andreas Martin Neander geboren. Nach dem frühen Elterntod wächst es im Haus des Mälzenbräuers Stolzenberg in Königsberg auf, wo auch Dach verkehrt. Der Professor verehrt die junge Frau, diese verliebt sich in den Pfarrer Portatius. Er ist es, der ihr vor der Hochzeit verspricht: »Wenn man nur zanket und keifet und schlägt/ Und sich wie Katzen und Hunde verträgt;/ Ännchen von Tharau, das woll'n wir nicht tun,/ Du bist mein Täubchen, mein Schäfchen, mein Huhn.« Pfarrer und Täubchen oder Huhn haben zusam-

men mehrere Kinder. Nach dem unzeitgemäßen Tod des Ehemanns heiratet Ännchen, wie es damaligem Brauch entspricht, dessen Amtsnachfolger Grube, als dieser selig im Herrn entschlafen ist, dessen Nachfolger Beilstein. Nachdem ihr der Tod auch den dritten Mann von der Seite genommen hat, zieht sie als Pfarrerswitwe Beilstein zu Sohn Friedrich, Pfarrer in Insterburg. Dort wird sie nach ihrem Tod beigesetzt ...

Zu Beginn des 18. Jhdts. – »*Die wilde Pest heert weit und breit,/ mit Leichen ist die Welt bestreut*« – rafft die aus dem Osten eindringende Seuche alleine im Amt Memel rund 13 000 Menschen dahin. Die Bevölkerung des Memellandes sinkt um die Hälfte, knapp 1 000 Bauernhöfe verwüsten, was Agnes Miegel einmal zum Klagelied der »Frauen von Nidden« inspiriert: »*Kein Tischler lebt, der den Sarg uns schreint,/ nicht Sohn und nicht Enkel, der uns beweint,/ kein Pfarrer mehr, uns den Kelch zu geben,/ nicht Knecht noch Magd ist mehr unten am Leben.*«

Der Tod fährt seine Ernte ein, das Leben geht weiter. Auf der historischen Bühne versucht Friedrich Wilhelm I.

den Verlust an Menschen auszugleichen, sein »Retablissement« bringt Schweizer, Pfälzer, Nassauer, Salzburger, immer auch lettoslawische Litauer ins Land an der Memel. Im Siebenjährigen Krieg wird der Landstrich von Russen besetzt, 1802 findet hier die denkwürdige Begegnung zwischen Friedrich Wilhelm III. und Zar Alexander I. statt. Fünf Jahre später nimmt das franzosenfreie Memel das preußische Königspaar und seine Minister auf. Der königlichen Familie wird das Haus des Kaufmanns Cosentius zur Verfügung gestellt (das spätere Rathaus), rund zwölf Monate kann Preußens äußeres Ende als Preußens Hauptstadt gelten.

Mit der Niederlage Napoleons blüht Memel noch einmal auf. Der Schiffsbau, von holländischen Zuwanderern eingeführt, und die Fischereiindustrie florieren, der Holzhandel mit England füllt den Hafen mit Schiffen. An der Dange sitzen reiche Kaufleute und Reeder, ins bunte Bild baltischen Volkstums reihen sich deutsche Herren mit internationalen Beziehungen, weitgereiste Kapitäne und rüstige Seeleute ein. Während des Krimkriegs geht der Handel aus dem blockierten Rußland über die Stadt. 1849 erscheint die erste Ausgabe des »Memeler Dampfboots«, 1854 brennt nahezu die gesamte Altstadt ab. Verschont bleibt das Warenlager des Heereslieferanten Heinrich Schliemann, der gerade auch in Memel die Mittel erwirbt, um das homerische Troja auszugraben und nach dem Schatz des Priamos zu suchen.

Mit dem Bau des König-Wilhelm-Kanals, vom Unterlauf der Minge bis fast zur Stadt Memel, schützt sich die

Mundfertig, stadtbekannt und immer zum Feilschen aufgelegt: Fischerfrauen in der Memeler Markthalle.

Schiffahrt vor dem stürmischen Haff. Doch schon beginnt sich der Tag abzuzeichnen, an dem man lieber auf der Schiene als über das Wasser fährt, was die Stadt tiefer in den Schatten ihrer großen, glücklicheren Schwestern Danzig und Königsberg drängt.

Vor dem Ersten Weltkrieg liegt der Anteil der Litauer an Ostpreußens Bevölkerung bei lediglich 4,3 Prozent, wo sie geballt leben, wie in den Kreisen Memel und Heydekrug, sind es allerdings 44 und 50 von 100. In den Städten wird mehr deutsch, auf dem Land eher ein memelländisch-litauischer Dialekt mit deutschen Elementen gesprochen. Deutsche und Litauer stammen aus verschiedenen Einwanderungsperioden, sind jedoch längst zusammengewachsen, teilen sich Grenzerfahrung, Brauch und Kultur. Ihre Sagen und Märchen, in denen sich Fluß und Meer, Städte und Burgen ausdrücken, sind ortsgebunden wie die Sagen und Märchen jeder Landschaft. Daneben kennen sie jene Geschichten, wie sie auch im Restreich weitererzählt werden. Riesen und Zwerge der germanischen Vorzeit leben am Rhein wie an der Memel. Allerdings haben sie andere Namen, sind ihre sittlichen Gesetze härter, dann auch unerbittlicher.

Forderungen nach einer Einverleibung des Memellandes in ein litauisches Staatswesen kommen zuerst aus den USA, wo ein Drittel aller Litauer lebt. Unter den Problemen, die zuvor ausgeräumt werden müssen, steht die Tatsache, daß es (noch) kein rechtlich souveränes Litauen gibt, ganz oben. Ein anderes ist, daß Ostpreußens meist lutherische (Klein-)Litauer weit mehr als nur der Glaube vom katholischen Großlitauer trennt.

Nach Kriegsausbruch wird das Memelland von Russen ein-, dann auch schwer ausgenommen, ein paar tausend Tote später ist es Etappe für die deutsche Gegenoffensive. Über der Grenze kann Litauen unter dem Schutz deutscher Truppen den unabhängigen Staat proklamieren, dem die ehemals russischen Gouvernements Kowno, Suwalki, Wilna und Grodno angehören. Antanas Smetona, der Leiter des Staatsrats, spricht Wilhelm II. den »*tiefempfunden und unauslöschlichen Dank*« der *Litauer dafür aus, »daß das mächtige Deutsche Reich dem durch Jahrhunderte so schwer leidenden Volk die Freiheit*

gegeben hat«. Erst mit dem Zusammenbruch, mit den Mittelmächten am Boden, setzt eine intensive Propaganda
für den Anschluß des preußischen
Nordostens an Litauen ein.

Das neugeschaffene »territoire
du Memel« (2 657 Quadratkilometer,
knapp 150 000 Einwohner in den Kreisen Memel-Stadt und -Land, Heydekrug und Pogegen) bleibt als Hoheits-
gebiet von Frankreich, Italien, Großbritannien und Japan (!) staats- und völ-
kerrechtlich im Schwebezustand. Der
Einmarsch französischer Truppen
markiert den Versuch, aus dem Memelland einen Freistaat nach Danziger Muster zu machen.

Die französische Militärverwaltung,
Schutzmacht genannt, und die preus-
sisch-deutsche Verwaltete. Das seit Jahr-
hunderten gebeutelte Litauen als unab-
hängiger Staat und ein in Heydekrug
gegründetes »Komitee zur Rettung
Klein-Litauens«, gemeint damit das
Memelgebiet: ein Zusammenwürfeln,
das nicht lange gut gehen kann. Im
Januar 1923, ein paar Stunden nur bevor Frankreich das Ruhrgebiet besetzt,
rücken zum Showdown der Geschichte
als litauische Zivilisten getarnte Kom-
mandotruppen im Memelgebiet ein.
Die kriegsmüden Deutschen verhalten
sich diszipliniert-unauffällig, nur in der
Stadt Memel wird geschossen. Die französische Schutzmacht sagt »Au revoir
les enfants« und zieht davon.

Wo es Verlierer gibt, muß es Gewin-
ner geben; aufgrund geschaffener Tat-
sachen wird das Memelgebiet Litauen
angegliedert. Die Bestimmungen der
Memelkonvention sehen eine Autono-
miestellung vor, die deutschen Memelländer erhalten litauische Pässe mit
dem Vermerk »Bürger des Memelge-
bietes«. Doch das Rad der Geschichte
hat sich einmal mehr ohne Volksabstimmung gedreht. 1926 wird hier der
Kriegszustand verhängt, der bis Ende
1938 andauert.

Mitten im Umbruch erinnert sich
Hermann Sudermann im »Bilderbuch
meiner Jugend«: *»Jenseits des Waldes er-*

Memelländische Bauernsprüche

Beim Pferdehandel und Rinderkauf
tu die Augen oder den Beutel auf.

Der Segen kommt von oben,
aber von unten hilft man dazu.

Der Mann fährt mit vier Pferden
nicht soviel ins Haus, als die Frau in
der Schürze kann tragen hinaus.

Gilts um ein Huhn zu rechten, sei
gescheit: nimm du ein Ei dafür und
laß den Streit.

Man soll nicht eine Kuh hungern
lassen, wenn man eine Ziege gut
füttern kann.

Wer weiter will als sein Pferd,
sitze ab und geh zu Fuß.

streckte sich die Heide, in der Ferne von Wäldern umsäumt überall. Sie hatte es mir angetan. Das Rätsel der Weite lockte mit tausend Armen. Und zu erleben gab es dort mehr als irgendwo auf der Welt. Nirgends wölbte sich der hohe Himmel glockenhafter über der Erde, nirgends trieben die Wolken an ihm ein krauseres Spiel. Nirgends sandte die Sonne wohligere Gluten, nirgends ging sie in einem bunteren Bette zur Nachtruh! Im Heidekraut liegen und ins Licht starren, was konnte es Schöneres geben auf dieser Welt, wenn die Lerchen aus unsichtbaren Höhen ihr Triumphlied herniederschickten und die Hummeln ringsum den Brummbaß geigten? Wenn die Halme, die rings um die Stirn spielten, zu Palmenstämmen wuchsen und das an ihnen kletternde Getier zu Riesenvögeln und Drachen? Wenn die Lichtstrahlen, die um die Graskanten strichen, ein grün-rot-goldenes Feuerwerk entzündeten und aus jedem Sandkorn eine Flamme brach?«

Nach dem Sturz des Memeler Kaiser-Wilhelm-Denkmals (von Bärwald, 1869) und der stolzen Borussia (von Breuer, 1907) sind es jetzt nur noch das in Bronze gegossene Ännchen von Tharau und Simon Dach im Brunnenstein, die vor Memels Stadttheater aufs verkrampfte Nebeneinander gucken. Für die nach Ausdrucksformen suchende Grenzlanddichtung schreibt Fritz Kudnig gegen das Schicksal an: *»Strom im Nordosten, du trägst viel Leid. / Du trägst unsre ganze Einsamkeit. / Du fühlst unser Sehnen, du fühlst unsre Not. / Du weißt, unser Herz ist von Wunden rot.«* Der Reichssender Königsberg schickt die Anfangstakte des Wind- und Wellenlieds als Pausenzeichen herüber: *»Wo des Haffes Wellen trecken an den Strand, / wo de Elk un Kroanich jedem Kind bekannt, / wo de Möwen schrien schrill im Stormgebrus, / doa is mine Heimat, doa bin eck tu hus.«* Doch den Deutschen bleibt vorerst nichts anderes als der Zusammenschluß im »Deutsch-Litauischen Heimatbund«, der sich getreu seines Auftrags in Genf Jahr für Jahr über die neuen Landesherren beschwert.

Die neue Grenze zieht sich an der Memel entlang, quert das Kurische Haff, danach die Kurische Nehrung, nach der Legende von der Riesin Neringa zum Schutz der Fischer aufgeworfen. Der schmale Landstreifen zwi-

Siedlerhaus in der Moorkolonie Bismarck/Kreis Heydekrug. Im kultivierten Moor wirtschaften Bauern wie Jons und Erdme Baltruschat, denen Hermann Sudermann das literarische Denkmal setzte.

schen Strand- und Ostsee wird als Na-
turwunder gerühmt. Hier wandern,
seit Jahrtausenden denselben Naturge-
setzen unterworfen, die höchsten Dü-
nen Europas im großartigen Nichts.
Hier deckt der Sand Häuser, Kirchen
und schon einmal ganze Dörfer zu, ist
in unterliegenden Ton- und Lehm-
schichten der Bernstein zu finden. Als
eigentliche Sensation gilt der Elch, der
auf der Nehrung und in den Moorge-
bieten der Memelmündung ein Rück-
zugsgebiet gefunden hat. Er steht, Symbol für die Kraft der Natur und das Er-
habene der Schöpfung, in den feuchten
Wäldern der Nehrungsplatte, wandert
von dort am Ufer der See entlang.

Die Nehrung hatte in der Vergangenheit als Heerstraße gedient, auf ihr sind
die Litauer gegen den Orden, die Sam-
länder gegen Memel gezogen. Sie war
Poststraße, bot sich dem Reise- und
Fremdenverkehr an, wofür man Krüge
wie in Nidden, Rossitten, Karweiten,
Sarkau, Schwarzort oder Sandkrug
baute. In Friedenszeiten drehte sich hier
(fast) alles um den Fisch: um Dorsch,
Flunder, Breitling, Hering, Meerforelle,
Barsch, Hecht, Aal oder Steinbutt, die
die gaffelgetakelten, buntbewimpelten

schwarzen Kurenkähne anlandeten.

Auf der Nehrung ließ E.T.A. Hoffmann die Novelle »Das Majorat« spielen, hat Lovis Corinth am Fischerfried-
hof mit den alten Grabtafeln, Ernst
Mollenhauer am Leuchtturm von Nida
gemalt. Hier wurde Agnes Miegel zu
den »Frauen von Nidden« inspiriert,
hat Thomas Mann am Roman »Joseph
und seine Brüder« geschrieben. Den
Bauplatz für das Sommerhaus mit
heidnisch gekreuzten Pferdeköpfen,
ostpreußisch-blauen Fensterläden und
dem Italienblick aufs Haff hatte der
Nobelpreisträger auf Niddens »Schwie-
germutterberg« gefunden.

Mit der »Machtergreifung« fängt Litauens junges Glück zu schmelzen an.
Zwischen Nimmersatt und Schmalleningken werden – *Wer uns anfaßt, faßt
Deutschland an!*« – Reiter- und Marine-
stürme aufgestellt, deutsche Ord-
nungsdienste, die sich unter der Elchschaufel an Mütze und Kappe zusam-
menfinden. Auf Druck aus dem Reich
wird das auf Memels Feuerhof gelager-
te Kaiser-Wilhelm-Denkmal wieder
aufgestellt. Bei Wahlen stimmen 87,2
Prozent der Memelländer für die deutsche Liste, im März 1939 schlägt Berlin

Memel-Sondernummer

Preis 10 Pfennig

Der Volksdeutsche

II. Jahrgang / Sondernummer   Verlagsort Berlin   Memelwahlen 1935

Und das sind Wahlen...

Unter Willkür litauischer Soldateska / Ost-Barbarei gegen Grundrechte
Europas / Memelländer, alle Deutschen des Erdballs reichen euch die Hände

Sondernummer des »Volks-
deutschen«, herausgegeben
vom Verein für das Deutsch-
tum im Ausland (VDA),
anläßlich von Wahlen im
Memelgebiet.

Litauen zwei Möglichkeiten vor, um das Problem Memelgebiet zu lösen. Die eine bedeutet Frieden, die andere Krieg. Schon im Mai kann Hitler vom Balkon des Memeler Theaters den *jüngsten Bürgern des Großdeutschen Reiches* die Wiedervereinigung mit Deutschland verkünden. Die deutsche Wehrmacht rückt über die Tilsiter Königin-Luise-Brücke ein. Um Litauens Wirtschaft, das die friedliche Lösung wählte, Rechnung zu tragen, soll in Memel eine Freihafenzone eingerichtet werden.

Im Winter 1944/45 setzt sich die deutsche Bevölkerung nach Westen ab, mit der Verschiebung der Fronten in Richtung Reich wird das Memelland von den Sowjets als Aufmarschgelände genutzt. Die Nachkriegslage macht es zu einem Teil der Litauischen Sowjetrepublik.

Mit dem Ende des Kalten Kriegs und der politischen Wende kehrt Simon Dachs Ännchen von Vladimorovo (Tharau) nach Klaipeda (Memel) an der Dane (Dange) zurück. Dort wird es – Ideal eines friedlichen, sittlich-religiösen Lebens – auf dem Teatro aikste/ Theaterplatz aufgestellt: *»Was hat die Liebe doch für Bestand,/ wo nicht ein Herz ist, ein Mund, eine Hand?/ Wo man sich peinigt, zanket und schlägt,/ Und gleich den Hunden und Katzen beträgt?«*

Mut zur Erinnerung auch in Silute (Heydekrug), deutsch-litauische Nachbarschaft: Nach seinem Tod war hier Hermann Sudermann gleich neben der Evangelischen Kirche eine Denksäule mit Büste errichtet worden. Im Krieg ging beides verloren. 1996 stellt der Sudermann-Club am alten Platz ein neues Denkmal auf. Einer wie Sudermann, in unsere Zeit geboren, hätte wohl erneut zu reimen begonnen: *»Wo ein Krug auf brauner Heide/ einst den lieben Namen trug,/ stehst du nun in neuem Kleide./ Wach und blühe, Heydekrug!«*

Mit Strandhafer bewachsene
Dünenlandschaft bei Nim-
mersatt. Bis 1920 nördlichster
Punkt des Deutschen Reiches
schiebt ein Soldat der jungen
Republik Litauen Wache im
annektierten Gebiet.

Zeittafel

UM 1500 V. CHR. Fischer und Jäger siedeln im Raum Königsberg.

UM CHRISTI GEBURT Ostgermanen im Weichselraum.

200–600 Abwanderung der Germanen und Nachzug baltischer Prussen.

UM 960 Der Wikinger Wulfstan berichtet von einer Reise zum Handels- und Hafenplatz Truso am Südufer der Ostsee.

997 Märtyrertod Adalberts von Prag. Erste urkundl. Erwähnung Danzigs (urbs Gyddanyzc).

1009 Märtyrertod Bruns von Querfurt.

1189–92 3. Kreuzzug mit Stiftung eines dt. Feldlazaretts (Hospitals) vor Akkon. Päpstliche Bestätigung einer Spitalbruderschaft zur Krankenpflege (Marienorden).

1198 Der Marienorden wird zum geistlichen Deutschen Ritterorden mit Sitz in Akkon.

1199 Der Ritterorden erhält die Tracht der Templer, allerdings mit schwarzem Kreuz auf weißem Mantel.

1202 Stiftung des Ordens der Schwertbrüder (Brüder des Ritterdienstes Christi) durch Bf. Albert von Buxhövden.

1216 Erhebung der Prussen gegen den vom Papst ernannten Prussenbischof Christian.

1217 Papst Honorius III. ruft zum Kreuzzug ins Prussenland, Teilnehmer erhalten Ablässe wie Jerusalempilger.

1225 Vertreibung des Ritterordens aus Siebenbürgen. Rom sichert bekehrten Prussen den Schutz des hl. Petrus zu.

1226 Konrad von Masowien ruft den Ritterorden gegen die Prussen. Goldbulle von Rimini. Anlage der Burg Vogelsang am Weichselufer.

1230 Vertrag von Kruschwitz: Konrad von Masowien überläßt dem Orden Kulmerland und Löbau.

1231–83 Eroberung des Prussenlandes, Christianisierung.

1231 Landmeister Balk setzt über die Weichsel. Anlage der Ordensburgen Thorn (1231), Kulm (1233), Marienwerder (1234), Elbing (1237), Memel (1252), Braunsberg (1254) und Königsberg (1255).

1233 Erlaß der Kulmer Handfeste.

1234 Papst Gregor IV. bestätigt dem Orden Kulmerland als »Eigentum des hl. Petrus« zu ewigem Besitz. Rittersieg an der Sorge (Sigurna).

Siegel Konrads von Masowien und Kujawien, der dem Orden die Missions- und Kampfaufgabe im Prussenland.

Märtyrertod des heiligen Adalbert, je nach Quelle bei Tenkitten-Fischhausen am Frischen Haff oder beim prussisch-wikingischen Truso im Elbinger Raum.

1235 Vereinigung des Ritterordens mit dem Orden von Dobrin.

1236 Niederlage der Schwertbrüder gegen Semgallen bei Saule.

1237 Vereinigung des Ritterordens mit den Schwertbrüdern. Elbing erster Seehafen. Dominikaner in der Prussenmission.

1239 Übernahme der prussischen Burg Balga.

1242 Niederlage des Ordens in der »Eisschlacht« auf dem Peipussee.

1242–48 Erster Aufstand der Prussen.

1243 Der päpstl. Legat Bf. Wilhelm von Modena teilt das eroberte Prussenland in die Bistümer Kulm,

Hermann Balk (−1239), der erste Land-meister des Deutschen Ritterordens im Prussenland.

Pomesanien, Ermland und Samland (1245 im Erzbistum Preußen).

1249 Natangische Prussen ver-nichten ein Ordensheer bei Krücken. Vertrag von Christburg: Pomesanische, ermländische und natangische Prussen unterwerfen sich der kath. Kirche und erkennen die Ordensherrschaft an.

1250 Der päpstl. Legat Anselm er-ster Bischof von Ermland.

1252 Deutschmeister Eberhard von Seyne beurkundet den Bau von Memele castrum. Memel 1257 mit Lübischem, 1474 mit Kulmer Recht.

1260–74 Großer Prussenaufstand, Hercus Monte Führer der Natan-ger.

1274–98 Bau der Marienburg.

1275–83 Eroberung der östl. Gaue Schalauen, Nadrauen und Sudau-en als letzte prussische Gebiete.

1278 Castrum Dominae Nostrae (Burgsiedlung unserer Frau/Frau-enburg) urkundl. erwähnt.

1280–1300 Erste Einwanderungs-welle dt. Bauern ins Kulmerland und nach Pomesanien. Besiedlung des Bistums Ermland.

1284 Umzug des ermländ. Dom-kapitels von Braunsberg nach Frauenburg.

1289 Anlage der Burg Landeshut an der Memel (Ragnit).

1291 Eroberung Akkons durch Mamelucken. Venedig ist Ordens-residenz.

1292 Handfeste für Altstadt-Kö-nigsberg.

1294 Aussterben der Herzöge von Pommerellen.

1295 Letzter Aufstand der Prussen.

1296 Die ersten Franziskaner in Braunsberg.

1297 Flämische Einwanderer gründen Preußisch-Holland.

1300 Königsberg Landmeistersitz. Handfeste für Löbenicht-Königs-berg.

1308 Die Ordensritter besetzen das poln. Pommerellen.

1309 Vergleich von Soldin: Walde-mar von Brandenburg verkauft dem Orden die Burgbezirke Dan-zig, Dirschau und Schwez (Pom-merellen). Marienburg neue Or-densresidenz, Königsberg Sitz des Ordensmarschalls.

1311–35 Kulturblüte mit Verser-zählungen vom Leben Christi und der Heiligen (Passional) und Le-gendensammlungen (Väterbuch).

1320 Vereinigung Polens unter Wladislaw I., Aufstieg zur Groß-macht.

1325 Gründung von Gerdauen. Pe-ter von Dusburgs »Chronicon ter-rae Prussiae« erstes Geschichts-werk des Prussenlandes.

1326 Der Ritterorden erwirbt Burg und Gebiet Memel.

1327 Handfeste für Kneiphof-Kö-nigsberg. Kampfhandlungen zwi-schen Polen und dem Orden.

1330–80 Bau des Königsberger Doms.

Hermann von Salza (1180–1239), vierter Hochmeister des Deutschen Ritteror-dens und Begründer des Ordensstaates.

1333 Kasimir von Polen bestätigt Pommerellen und Kulmerland (i.e. Westpreußen) als Ordensbesitz.

UM 1340 Nicolaus von Jeroschin verfaßt die »Kronike von Pruzilant«. Altstadt-Königsberg in der Städtehanse.

1343 Vertrag von Kalisch: Polen entsagt, von Papst Clemens VI. vermittelt, Ansprüchen auf Pommerellen und das Kulmerland auf ewige Zeiten. Der Orden gewinnt das dänische Estland.

1350 Verlegung der Residenz des ermländ. Fürstbischofs nach Heilsberg.

1351 82 Wirtschaftliche, kulturelle und politische Blütezeit.

1370 Niederlage der Litauer bei Rudau.

1377 Gründungsbau des Ordensschlosses Barten.

1386 Verbindung Hedwigs (Jadwigas) von Polen mit Litauens Großfürst Jagiello. Litauen nimmt das Christentum an.

1388 Johannes von Marienwerder Dekan im Domkapitel Pomesanien.

1393 Wigand von Marburg schreibt eine Ordensgeschichte.

1398 Grenzsicherung durch das Haus Lyck östl. der Masurischen Seenkette. Vertrag von Sallinwerder: Der Orden gewinnt Litauens Stammland Samaiten und Gotland.

1400 Kuren wandern ins nördl. Samland und auf die Nehrung ein.

1402 Kauf der Neumark von Brandenburg.

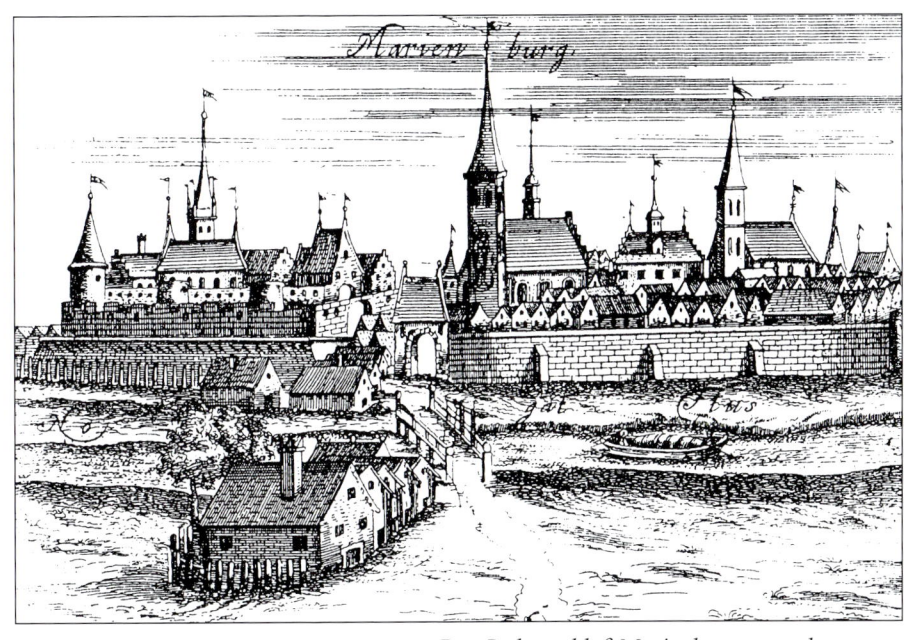

Das Ordensschloß Marienburg am rechten Nogatufer, Symbol des Aufstiegs und des Niedergangs des Deutschen Ordens (nach einem alten Stich).

AB 1407 Außenpolitischer Niedergang des Ordensstaates, größte räumliche Ausdehnung mit dem Kauf das Ländchens Driesen.

1409 Aufstand der Samaiten, der Orden erklärt Polen den Krieg.

1410 Niederlage des Ordens in der Schlacht von Tannenberg. Heinrich von Plauen verteidigt die Marienburg.

1411 1. Thorner Frieden.

1414–22 Hungerkriege, Frieden von Melno-See: Festlegung der Grenze im preußisch-polnisch-litauischen Raum. Der Orden behält ausschließlich ehem. Prussenland, tritt die Gebiete links der Weichsel ab. Die Ostgrenze unter Einschluß Memels bis 1919 stabil.

1435 »Ewiger Frieden« von Brest.

1440 Zusammenschluß des Adels und der Städte im Preußischen Bund.

AB 1450 Litauer wandern ins Memelland ein.

1454–66 Dreizehnjähriger Krieg: Erhebung des Preuß. Bundes. Westpreußens Stände verweigern die Huldigung des Hochmeisters und gehen eine Personalunion mit Polens Krone ein. Sieg des Ritterordens bei Konitz, Niederlage beim Kloster Zarnowitz.

1455 Bruderkrieg zwischen Altstadt-Löbenicht und dem aufständischen Kneiphof. Der Orden verpfändet die Marienburg an seine Söldner. Die Neumark geht gegen 100 000 rheinische Gulden an Brandenburg zurück.

1457 Verkauf der Marienburg durch die Ordenssöldner (ab 1466 Schloß der poln. Könige). Königsberg Sitz des Hochmeisters. Danzig, Elbing und Thorn »freie Städte«. Enea Silvio Piccolomini (der spätere Papst Pius II.) Fürstbischof des Ermlandes.

1464 Bf. Paul von Legendorf unterstellt das Ermland der Schutzherrschaft Kg. Kasimirs IV. von Polen.

1466 2. Thorner Frieden.

1478/79 Ermland unterliegt Polen im »Pfaffenkrieg«.

1492 In Marienburg erscheint die Lebensbeschreibung Dorotheas von Montau als erstes in Preußen gedrucktes Buch.

1504 Nikolaus Kopernikus (1473–1543) Sekretär und Leibarzt Bischof Watzenrodes (ab 1510 Domherr in Frauenburg).

1519–21 Vergeblicher Versuch Albrechts von Brandenburg-Ansbach die Lehnshoheit Polens abzuschütteln (Reiterkrieg).

Herzog Albrecht von Brandenburg-Ansbach, Sohn Markgraf Friedrichs des Älteren aus der fränkischen Linie der Hohenzollern und Sophies von Polen.

1522/23 Andreas Osiander gewinnt Hzg. Albrecht für die Reformation.

1523 Geheimtreffen Hzg. Albrechts mit Luther und Melanchthon. Preußens Reformator Johannes Brießmann predigt im Königsberger Dom.

1524 Paulus Speratus Hofprediger in Königsberg (später Bf. von Pomesanien).

1525 Krakauer Frieden: Aufhebung des Ordens in Preußen. Hzg. Albrecht nimmt den Ordensstaat als erbliches (weltliches) Hzgt. von Polen zu Lehen. Königsberg Hauptstadt, Einführung der Reformation. Bauernaufstand im Samland.

1527 Druck des ersten preuß. Gesangbuchs bei Weinreich in Königsberg.

1532 Der Reichstag zu Speyer legt die Reichsacht über Albrecht.

1535 Elbing erhält das erste evang. Gymnasium Preußens.

1544 Gründung der Königsberger Universität (Albertina).

1545 Druck des prussischen Katechismus bei Weinreich.

1549 Hzg. Albrecht ruft Andreas Osiander an Königsbergs Altstädtische Pfarrei. Sein Gegensatz zur großen Mehrheit der preuß. Pfarrer führt zum »Osiandrischen Streit« (1549–66) und zur Königsberger Disputation (1550).

AB 1550 Holländische Mennoniten im Mündungsgebiet der Weichsel, an der Nogat-Mündung, am Drausensee, im Tiegendörfer und Elbinger Gebiet.

1552 Tilsit mit Stadtrecht.

Andreas Osiander, Pfarrer und kontroverser Albertina-Professor in Königsberg.

1565 Gründung des Jesuiten-Kollegs in Braunsberg.

1568 Tod Albrechts auf Schloß Tapiau.

1569 Reichstag von Lublin: Umwandlung der Personalunion Westpreußens mit der Krone in eine Realunion mit dem poln. Reich.

1571 Regina Protmann gründet das Mutterhaus der »Löblichen Gesellschaft Sanct Catharinen, Jungfrawen und Martyrinnen« in Braunsberg.

1601/02 Pestepidemie fordert in Königsberg 12000 Tote.

1605 Einrichtung der »Fahrenden und reitenden Post« von Berlin nach Königsberg.

1618 Das Hzgt. Preußen geht mit dem Tod des letzten fränk. an die brand. Hohenzollern. Personalunion Preußen-Brandenburg. Johann Sigismund von Brandenburg Hzg. von Preußen.

1620–88 Friedrich Wilhelm, ab 1640 Kf. von Brandenburg.

1623 Pfarrer Georg Weissel aus Domnau schreibt das Adventslied »Macht hoch die Tür, die Tor macht weit«.

1626–35 1. Schwedisch-Polnischer Krieg. Gustav II. Adolf von Schweden landet in Pillau (1626), erobert Ermland und Pomesanien. Waffenstillstand von Altmark (1629): Preußisch-Polen und Livland gehen an Schweden. Seeschlacht bei Oliva (1627). Waffenstillstand von Stuhmsdorf (1635): Schweden verzichtet auf alle Eroberungen in Preußen. Litauer fallen in die Landschaft um Memel ein.

1629 Memel auf sechs Jahre von Schweden besetzt.

1630 Gründung des Jesuitengymnasiums in Rössel.

1655–60 2. Schwedisch-Polnischer Krieg. Preußen schwed. Lehen (1656). Vertrag von Labiau: Der Große Kurfürst erhält von Schwedens Krone die Souveränität über Preußen und Ermland. Erste Missionsstation der Jesuiten in Königsberg.

1656 Tartareneinfall im Hzgt. Preußen.

1657 Vertrag von Wehlau: Der Große Kurfürst erlangt Preußens Souveränität von Polen. Rückfallsrecht beim Aussterben des brand. Hauses. Frieden von Oliva (1660): Bestätigung der Souveränität Preußens durch Europas Mächte. Simon Dach Rektor der Albertina.

1659 Aufbau einer brand.-preuß. Ostseeflotte mit Standort Pillau.

1663 Die preuß. Stände huldigen Friedrich Wilhelm nach vergeblichem Widerstand.

Gustav II. Adolf nach einem zeitgenössischen Kupferstich. Im »Löwen aus Mitternacht«, dem protestantisches Sendungsbewußtsein zugeschrieben wird, sehen die evangelischen Preußen nicht den Eroberer, sondern den Verbündeten.

Burg und Stadt Memel, eine Gründung des livländischen Schwertbrüderordens, im Jahre 1684 (nach einem Stich von Hart Knoch).

1678/79 Schwedeneinfall. Winterfeldzug Friedrich Wilhelms, Frieden von Saint Germain.

1682 Die Gründung der Kurfürstlich Brandenburgisch-Afrikanischen Kompagnie zur Belebung des brand.-preuß. Handels.

1685 Das Edikt von Potsdam: Brand.-Preußen nimmt ca. 20 000 Glaubensflüchtlinge aus Frankreich auf.

1687–1720 Bau der Wallfahrkirche Heiligelinde/Kreis Rastenburg.

1688–1713 Kf. Friedrich III. von Brandenburg, seit 1701 als Friedrich I. König »in« Preußen.

1698 Leopold von Anhalt-Dessau führt im preuß. Heer Gleichschritt und eiserne Ladestöcke ein.

Friedrich Wilhelm I., der Begründer des preußischen Militär- und Beamtenstaats (nach einem Gemälde von Antoine Pesne).

1700–1721 Nordischer Krieg, ab 1713 mit Beteiligung Brand.-Preußens.

1708 Preuß. Kleiderverordnung verbietet »geringen Leuten« vornehme Kleider.

1708–11 Die »Große Pest« fordert in (Ost)Preußen rund 500 000 Menschenleben.

1713–40 Friedrich Wilhelm I. (Soldaten-)Kg. in Preußen.

1714 Ansiedlung von Schweizern und Litauern.

1715–20 Bau der Wallfahrtskirche Krossen.

1724 Vereinigung der drei Städte Königsberg.

1725 Gottsched gibt die moralische Wochenschrift »Die vernünftigen Tadlerinnen« heraus. Pillau erhält Stadtrecht.

1732 Einladungspatent Friedrich Wilhelms I., Einwanderung von rund 15000 evang. Salzburgern. Gründung des Hauptgestüts Trakehnen.

1740–86 Kg. Friedrich II. »der Große«. Rivalität zwischen Brand.-Preußen und Österreich (bis 1866).

1741 Gründung der »Königlichen Deutschen Gesellschaft« zur Verbesserung der dt. Sprache in Königsberg.

1742 Verordnung Friedrichs II. nach der Maulbeerbäume als Grundlage zur Seidenraupenzucht anzupflanzen sind.

1746 Gründung der (ersten) Königsberger Loge »Zu den drei Ankern«.

1748 Schutz der Bauern vor dem Bauernlegen.

1756 Erste jüdische Synagoge in Königsberg.

1756–63 Siebenjähriger Krieg, (Ost)Preußen von 1758–62 von Russen besetzt.

1772 1. Teilung Polens.

1773 Die Verwaltungsbezeichnungen Ostpreußen (mit dem Ermland) und Westpreußen (die durch Polens Teilung erworbenen Gebiete mit dem Kreis Marienwerder) kommen auf.

1775 Johann Reichardt Hofkapellmeister in Berlin.

1786 Druck des Preußischen Wörterbuchs mit bedeutendem Heimatwert.

1786–97 Kg. Friedrich Wilhelm II.

1789 Uraufführung des Singspiels »Claudine von Villa Bella« (Text: von Goethe, Vertonung: Johann Reichardt) im Schloßtheater Berlin-Charlottenburg.

1793 2. Teilung Polens.

1795 3. Teilung Polens mit Gründung Neu-Ostpreußens.

1797–1840 Kg. Friedrich Wilhelm III.

1802 Friedrich Wilhelm III. und Kgn. Luise empfangen Zar Alexander I. in Memel.

1805–07 Heinrich von Kleist Diätar der Kriegs- und Domänenkammer in Königsberg.

1806 Sieg Napoleons bei Jena und Auerstädt, Besetzung »Südpreußens« durch Polen. Flucht der kgl. Familie nach Memel.

1807 Napoleon in Ostpreußen: Gefechte bei Mohrungen, Passenheim, Allenstein, Bergfriede, Wal-

Friedrich Wilhelm II., wegen seiner Körperfülle der dicke Willem, *aufgrund seiner Affären* »der Vielgeliebte« *genannt.*

tersdorf, Pompicken und Heilsberg. Schlachten bei Preußisch-Eylau und Friedland. Besetzung Königsbergs und Friede von Tilsit.

AB 1807 Aufhebung der Adelsvorrechte und Erbuntertänigkeit. Städteordnung mit Selbstverwaltung durch die Stein-Hardenbergschen Reformen. Gründung des Tugendbunds. Königsberg erneut Hauptstadt Preußens. Napoleon löst den Deutschen Orden (außerhalb Österreichs) auf.

1810 Fortsetzung der Steinschen Reformen durch Fürst von Hardenberg. Einführung der Gewerbefreiheit, Einzug der Ordensgüter.

1812 Rußland-Feldzug Napoleons, Konvention von Tauroggen.

1813 Königsberg Ausgangspunkt der preuß. Erhebung. Einrichtung der Landwehr. Aufruf Friedrich Wilhelms III. »An mein Volk« und Stiftung des Eisernen Kreuzes. Völkerschlacht bei Leipzig.

1814–15 Einführung der allgemeinen Wehrpflicht. Der Wiener Kongreß spricht Danzig, Kulmerland, Thorn, Posen und den Netzegau Preußen zu, Rußland gewinnt das Königreich Polen.

1817 Einführung der Union (der lutherischen und reformierten Kirche). Ostpreußen hat 886 000 Einwohner.

1824–31 Joseph Frhr. von Eichendorff Oberpräsidialrat in Königsberg.

1824–78 Vereinigung Ost- und Westpreußens in der Provinz Preußen mit dem Verwaltungssitz Königsberg.

1827 Einrichtung des Blutgerichts im Gewölbe des Königsberger Schlosses.

1828 Das erste Dampfschiff im Königsberger Hafen.

1832 Russische Philipponen wandern in Masuren ein.

1834 Erneuerung des Deutschen Ordens als kath. Adelsgemeinschaft in Österreich.

1836 Richard Wagner heiratet Minna Planer in Tragheim.

1840–61 Kg. Friedrich Wilhelm IV.

1845 Eine Schweizer Käserin »erfindet« im Weiler Milchbude/ Plauschwarren (bei Tilsit) den Tilsiter Käse.

1848 Martin Eduard von Simson Präsident der Nationalversammlung in der Paulskirche. Ostpreußen im Deutschen Bund.

1848–69 Bau des Oberländischen Kanals von Deutsch-Eylau nach Elbing.

1849 Ablehnung der Kaiserkrone durch Kg. Friedrich Wilhelm IV. von Preußen.

1853 Die Ostbahn verbindet Königsberg mit Berlin.

1854 Memel durch Großfeuer stark zerstört.

1855 In Elbing läuft mit der »Borussia« der erste auf einer preuß. Werft gebaute eiserne Seedampfer vom Stapel.

1860 Die Maschinenbau-Anstalt des Elbinger Industriepioniers Schichau beliefert die Preußische Ostbahn mit Lokomotiven.

Tilsits weltgeschichtliche Stunde. Im Juli 1807 zwingt Napoleon (»Europas männlichster Mann«) Preußen einen Frieden auf, dessen Demütigung Preußens Königin Luise (»Europas fraulichste Frau«) nicht verhindern kann.

1861 Einweihung der Neuen Universität Königsberg.

1861–88 Kg. Wilhelm I., seit 1871 dt. Ks.

1864 Deutsch-Dänischer Krieg.

1866 Deutscher Krieg.

1867–73 Von Simson Präsident des Norddeutschen bzw. Deutschen Reichstags.

1870–71 Deutsch-Französischer Krieg. Gründung des dt. Nationalstaats unter preuß. Führung. Wilhelm I. dt. (Erb)Kaiser.

AB 1875 Ost- und Westpreußen verlieren durch Abwanderung in westl. Reichsteile rund 1,3 Mill. Menschen.

1876 Beginn des Kulturkampfes,

Verbot des Jesuitenordens, Schliessung des Priesterseminars in Braunsberg. Ferdinand Gregorovius erster dt. Ehrenbürger Roms.

1878 Teilung Preußens in Ostpreußen (mit den Reg.-Bzkn. Königsberg, Gumbinnen, ab 1905 Allenstein) und Westpreußen.

1884 Johanna Ambrosius schreibt das Gedicht »Meine Heimat« (als Ostpreußenlied vertont).

1885 Ausweisung von rund 30 000 Polen aus Posen und Westpreußen zum Schutz der dt. Bevölkerung vor einer »Polonisierung«.

1888–1918 Wilhelm II. dt. Ks. und Kg. von Preußen.

1890 Emil von Behring entdeckt Diphterie- und Tetanusantitoxin.

1901–02 Erich von Drygalski leitet die erste dt. Antarktisexpedition.

1910 Ostpreußen hat rund 2 Mill.

Wilhelm I., als Thronfolger seines geistig erkrankten Bruders in Königsberg zum König von Preußen gekrönt, seit 1871 deutscher Kaiser.

Einwohner, in Westpreußen (1,7 Mill.) geben 64,4 % der Einwohner Deutsch als Muttersprache an.

1911 Gründung des »Salzburger Vereins« als Zusammenschluß von Ostpreußen Salzburger Herkunft (bis 1945).

1914–18 Erster Weltkrieg.

1914 Deutsche Kriegserklärung (1.8.), Ostpreußen nach russ. Vorstoß (22.8.) als einzige dt. Provinz Kriegsgebiet. Sieg über die Narewarmee bei Tannenberg (26.–30.8) und an den Masurischen Seen (8.–11.9.).

1915 Winterfeldzug. Befreiung Ostpreußens mit der Winterschlacht in Masuren (7.–25.2). Russen besetzen Memel.

1916 Auftakt zur Ostpreußenhilfe.

1918 Zusammenbruch der Mittelmächte, Novemberrevolution. Deutschland parl.-demok. Republik, Preußen Freistaat. Wiedererstehen Polens.

1919 Vertrag von Versailles trennt Ost- und Teile Westpreußens durch den Polnischen (Weichsel-) Korridor vom Restreich. Das Memelgebiet Völkerbundsmandat.

1920 Im Reg.-Bez. Allenstein votieren 97,8 %, im westpreuß. Reg.-Bez. Marienwerder (die Kreise Rosenberg, Stuhm, Marienburg östl. der Nogat, Marienwerder östl. der Weichsel) für ein Verbleiben in Deutschland. Danzig freie Stadt. Eröffnung der 1. Königsberger Ostmesse. Carl Legien führt den Generalstreik der Gewerkschaften gegen den Lüttwitz-Kapp-Putsch.

1923 Litauen annektiert das Memelgebiet (durch Völkerbund-

Konvention ab 1924 mit Autonomiestatus, 1926–38 unter Kriegszustand).

1924 Feierlichkeiten zum 200. Geburtstag Kants. Sendebeginn des Ostmarken-Rundfunks.

1927 Errichtung des Tannenberg-Denkmals bei Hohenstein. Hindenburg erhält Gut Neudeck als »Geschenk des deutschen Volkes«.

1931 Erlaß des Osthilfegesetzes.

1932 Franz von Papens Preußenschlag, Ende der polit. Selbständigkeit Preußens.

1933 Machtantritt der Nationalsozialisten.

1934 Abschluß des dt.-poln. Nichtangriffspakts.

1936 Poln. Einschränkungen im Durchgangsverkehr zwischen Ostpreußen und dem Reich. Dt. Wahlsieg bei Kreistagswahlen im Memelgebiet.

1937 Beschlagnahmung der bischöfl. Druckerei in Braunsberg nach Zwischenfällen der Fronleichnahmsprozession in Heilsberg.

1938 Progromnacht gegen Ostpreußens Juden. Verbot kath. Organisationen, Verhaftung von Priestern.

1939 Rückkehr des Memelgebiets auf friedlichem Weg. Ostpreußen hat knapp 2,5 Millionen Einwohner (Königsberg 372000, Memel 40000).

1939–45 Zweiter Weltkrieg.

1944 Attentat im FHQ Ost (Wolfsschanze) bei Rastenburg. Zerstörung der Königsberger Innen-

stadt durch die brit. Luftwaffe (26. und 29.8.). Angriff auf Ostpreußen (16.10.). Massaker in Nemmersdorf, Massenflucht der Zivilbevölkerung.

1945 Der erste Flüchtlingstransport verläßt Pillau (25.1.), Besetzung Memels (28.1.), Kapitulation der »Festung« Königsberg (9.4.). Das Potsdamer Abkommen teilt die Provinz in einen nördlichen (sowjet.) und einen südlichen (poln.) Verwaltungsbezirk. Vertreibung der dt. Bevölkerung.

1947 Auflösung des preuß. Staates durch Kontrollratsbeschluss Nr. 46. Memelland in der lit. Sowjetrepublik. Deportation von 70 000 Dt. aus dem sowjet. Teil Ostpreußens in die Sowjet. Besatzungszone.

1949 Gründung der Landsmannschaft Ostpreußen.

1950 Beginn der Aussiedlung (besonders nach Nordrhein-Westfalen, Baden-Württemberg, Hessen und Niedersachsen). Die Gesamtzahl der Flüchtlinge und Vertriebe-

nen aus Ostpreußen beläuft sich auf rund 2 Millionen.

1959 Premiere des Films »Hunde, wollt ihr ewig leben?« von Frank Wisbar als Aufarbeitung der Schlacht von Stalingrad.

AB 1959 Rund 10 000 Deutschen wird die Ausreise aus dem Memelland erlaubt.

1968 Abriß der Königsberger Schloßruine.

1970 Moskauer Abkommen: Bonn stimmt bestehenden Grenzziehungen zu, eine endgültige Regelung bleibt einem Friedensvertrag überlassen. Warschauer Vertrag zur Normalisierung gegenseitiger Beziehungen mit faktischer Anerkennung der Oder-Neiße-Grenze.

1976 Heiligsprechung Dorotheas von Montau.

1989 Völkerherbst, Zerfall der kommunistischen Regime in Ost- und Mitteleuropa.

Winter 1944/45: Flüchtlinge auf dem Weg über das zugefrorene Haff auf die Nehrung.

1990 Deutsch-polnischer Vertrag mit Bestätigung der bestehenden Grenzen.

1991 Das nördl. Ostpreußen ohne Direktverbindung mit Rußland, das Memelland im unabhängigen Litauen. Kaliningrad öffnet sich Geschäftsleuten und Touristen.

1993 »Freiheit«, Organisation der Deutschen in Rußland, fordert die Schaffung einer »Baltenrepublik der Deutschen« in der russ. Exklave Kaliningrad. Im ehem. Königsberger Raum leben zwischen 20 000 und 25 000 Rußlanddeutsche.

1998 Im Rahmen der Restaurierungsarbeiten wird das Kirchenschiff des Königsberger Doms überdacht.

2002 In der Berliner Republik kommen Diskussionen auf, ein gemeinsames Bundesland Berlin-Brandenburg Preußen zu nennen.

In Ostpreußen zuhause

ALEXANDRA (eigtl. Doris Treitz 1944 Heydekrug – 1969) Schlager- und Chansonsängerin

JOHANNA AMBROSIUS (verh. Voigt 1854 Tischken bei Lengwethen – 1938) Bäuerin und Volksdichterin

ÄNNCHEN VON THARAU (eigtl. Anna Neander 1615 Tharau – 1689) Pfarrersfrau

FRIEDRICH WILHELM AUGUST ARGELANDER (1799 Memel – 1875) Astronom

WILHELM SEBASTIAN VON BELLING (1710 Paulsdorf – 1779) Reitergeneral

JOHANNES BOBROWSKI (1917 Tilsit – 1965) Schriftsteller

RUDOLF BORCHARDT (1877 Königsberg – 1945) Schriftsteller

Rudolf Borchardt

LUDWIG HERMANN GOTTLIEB VON BOYEN (Kreuzburg 1771 – 1848) Kriegsminister und General-feldmarschall

OTTO BRAUN (1872 Königsberg – 1955) preußischer Ministerpräsident (1920–32)

ALFRED BRUST (1891 Insterburg – 1934) Schriftsteller

HERBERT BRUST (1900 Königsberg – 1969) Dirigent und Komponist

ROBERT BUDZINSKI (1876 Klein Schläfken – 1955) Schriftsteller und Zeichner

Lovis Corinth

LOVIS CORINTH (1858 Tapiau – 1925) Maler und Graphiker

SIMON DACH (1605 Memel – 1659) Professor der Poesie und Versdichter

LUCAS DAVID (1503 Allenstein – 1583) Geschichtsschreiber

Albert Friedrich Benno Dulk

LUDWIG DEHIO (1888 Königsberg – 1963) Historiker

JOHANN FRIEDRICH DIEFFENBACH (1792 Königsberg – 1847) Chirurg

ALEXANDER BURGGRAF ZU DOHNA-SCHLOBITTEN (1771 Schloß Finkenstein – 1831) Staatsmann

HEINRICH GRAF ZU DOHNA-SCHLOBITTEN (1882 Waldburg – 1944) Generalmajor mit Verbindung zum Widerstand

CHRISTIAN DONALITIUS (1714 Lasdinehlen – 1780) Dichter

MARION HEDDA ILSE GRÄFIN DÖNHOFF (1909 Schloß Friedrichsstein – 2002) Publizistin

DOROTHEA (DIE HEILIGE) VON MONTAU (1347 Montau bei Marienwerder – 1394) Mystikerin und Klausnerin

ERICH VON DRYGALSKI (1865 Königsberg – 1949) Geologe

ALBERT FRIEDRICH BENNO DULK (1819 Königsberg – 1884) Dichter und Revolutionär

LOUIS EHLERT (1825 Königsberg – 1884) Komponist

OTTO EWEL (1871 Trutenau – 1954) Monumentalmaler

PAUL FECHTER (1880 Elbing – 1958) Schriftsteller

JOHANN GOTTFRIED FREY (1762 Königsberg – 1831) Polizeidirektor und Politiker

FRIEDRICH III./I. (1657 Königsberg – 1713) Kurfürst und König

Johann Christoph Gottsched

HERMANN GUSTAV GOETZ (1840 Königsberg – 1876) Komponist

COLMAR FREIHERR VON DER GOLTZ-PASCHA (1843 Bielkenfeld/Kreis Labiau – 1916) Generalfeldmarschall, Pascha und Militärschriftsteller

JOHANN CHRISTOPH GOTTSCHED (1700 Juditten – 1766) Literaturtheoretiker und Kritiker

FERDINAND ADOLF GREGOROVIUS (auch: Fuchsmund 1821 Neidenburg – 1891) Geschichtsschreiber, Essayist und Dichter

OTTO FRIEDRICH VON DER GROEBEN (1657 Napratten – 1728) Kolonialpionier

KARL GOTTFRIED HAGEN (1746 Königsberg – 1829) Apotheker und Universalgenie

JOHANN GEORG HAMANN (»Magus des Nordens« 1730 Königsberg – 1788) philosophischer Schriftsteller

ERICH HANNIGHOFER (1908 Königsberg – 1945) Lyriker

AGNES HARDER (1864 Königsberg – 1939) Schriftstellerin

WOLFGANG HARICH (1923 Königsberg – 1995) Philosoph und Ökologe

GOTTHARD HEINRICI (1886 Gumbinnen – 1971) Generaloberst

David Hilbert

Johann Georg Hamann

Johann Gottfried Herder

JOHANN GOTTFRIED HERDER (1744 Mohrungen – 1803) Philosoph, Theologe und Dichter

WERNER RICHARD HEYMANN (1896 Königsberg – 1961) Komponist

DAVID HILBERT (1862 Königsberg – 1943) Mathematiker und Logiker

THEODOR GOTTLIEB VON HIPPEL (1741 Gerdauen – 1796) Bürgermeister und Schriftsteller

IMMANUEL KANT (1724 Königsberg – 1804) Aufklärungs-Philosoph

ROBERT KIRCHHOFF (1824 Königsberg – 1887) Physiker

OTTO KOEHLER (1889 Insterburg – 1974) Zoologe

WALTER KOLLO (eigtl. Kollodziey-ski 1878 Neidenburg – 1940) Komponist

Theodor Gottlieb von Hippel

THEODOR GOTTLIEB VON HIPPEL D. J. (1775 Gerdauen – 1843) Staatsrat und Reformer

E(RNST) T(HEODOR) A(MADEUS) HOFFMANN (eigtl. E. Th. Wilhelm, 1776 Königsberg – 1822) Zeichner, Schriftsteller, Komponist und Jurist

ARNO ALFRED HOLZ (1863 Rastenburg – 1929) Lyriker

EHRENFRIED GÜNTHER FREIHERR VON HÜNEFELD (1892 Königsberg – 1929) Pilot und Schriftsteller

E.T.A. Hoffmann

Immanuel Kant

KÄTHE KOLLWITZ (eigtl. Käthe Schmidt 1867 Königsberg – 1945) Malerin und Graphikerin

GUSTAF KOSSINA (1858 Tilsit – 1931) Philologe

Käthe Kollwitz

LEOPOLD JESSNER (1878 Königsberg – 1945) Schauspieler

JOHANNES VON MARIENWERDER (1343 Marienwerder – 1417) Domdekan und Gelehrter

WILHELM JORDAN (1819 Insterburg – 1904) Dichter, Politiker und Revolutionär

FRIEDA JUNG (1865 Kiaulkehmen – 1919) Heimatdichterin

Arno Alfred Holz

CARL LEGIEN (1861 Marienburg – 1920) Politiker und Gewerkschaftsführer

HANS VON LEHWALDT (1685 Legienen/Kreis Rössel – 1768) Generalfeldmarschall und Gouverneur

SIEGFRIED LENZ (1926 Lyck)
Schriftsteller

FANNY LEWALD (1811 Königsberg –
1889) Schriftstellerin

HARRY LIEDTKE (1888 Königsberg
– 1945) Stummfilmstar

ALBERT LIEVEN (1906 Hohenstein
– 1971) Filmschauspieler

FRITZ ALBERT LIPMANN (1899
Königsberg – 1986) Mediziner und
Biochemiker/Nobelpreis 1953

Agnes Miegel

Otto Nicolai

ERICH MENDELSOHN (1887 Allenstein – 1953) Architekt

AGNES MIEGEL («Mutter Ostpreußens» 1879 Königsberg – 1964)
Dichterin und Erzählerin

ANTON MÖLLER (1563 Königsberg
– 1611) Barockmaler

ERNST MOLLENHAUER (1892 Tapiau – 1963) Maler

OTTO NICOLAI (1810 Königsberg
– 1849) Komponist

NICOLAUS VON JEROSCHIN (um
1290 – um 1344) Ordenskaplan

LOTAR OLIAS (1913 Königsberg –
1990) Schlagerkomponist

GUSTAV ALBERT PETER (1853
Gumbinnen – 1937) Botaniker und
Afrikaforscher

MICHAEL POGORZELSKI (1737 Le-
packen – 1798) Pfarrer und masurisches Original

JULIUS POHL (1830 Frauenburg –
1909) Domherr, Dichter und Ka-
lenderschreiber

CHRISTIAN FRIEDRICH POST (um
1710 – 1785) Indianermissionar

Regina Protmann (1552 Braunsberg – 1613) Wohltäterin

JOHANN JAKOB QUANDT (1686
Königsberg – 1772) Theologe und
Hofprediger

JOHANN FRIEDRICH REICHARDT
(1752 Königsberg – 1814) Komponist und Musikschriftsteller

**GOTTLOB FERDINAND MAXIMILI-
AN GOTTFRIED (MAX) VON
SCHENKENDORF** (1783 Tilsit –
1817) Freiheitsdichter

GOTTLOB FERDINAND SCHICHAU
(1814 Elbing – 1896) Industriepio-
nier

HEINRICH THEODOR VON SCHÖN
(1773 Schreitlauken – 1856) Politiker und Reformer

RUDI SCHURICKE (1914 Königsberg – 1973) Schlagertenor

EDUARD MARTIN VON SIMSON
(1810 Königsberg – 1899) Jurist
und Staatsmann

ARNOLD SOMMERFELD (1868 Königsberg – 1951) Naturwissen-
schaftler

HERMANN SUDERMANN (1857
Matziken – 1928) Dichter und Dramatiker

Hermann Sudermann

ELISABETH VON THADDEN (1890 Mohrungen – 1944) Widerstandskämpferin

FRIEDRICH FREIHERR VON DER TRENCK (1726 Königsberg – 1794) Adjutant Friedrichs des Großen

BEATE UHSE (geb. Köstlin 1919 Gut Wargenau bei Cranz – 2001) Pilotin und Unternehmerin

WILHELM VOIGT (»Hauptmann von Köpenick« 1849 Tilsit – 1922) Schuhmacher

Otto Wallach

Wilhelm Voigt

OTTO WALLACH (1847 Königsberg – 1931) Chemiker/Nobelpreis 1910

GEORG WEISSEL (1590 Domnau – 1635) Pfarrer und Kirchenlieddichter

FRIEDRICH LUDWIG ZACHARIAS WERNER (1768 Königsberg – 1823) Dramatiker und Kanzelredner

ERNST AUGUST GEORGE WICHERT (»Richter-Dichter« 1831 Insterburg – 1902) Prosaerzähler und Dramatiker

ERNST WIECHERT (1887 Forsthaus Kleinort/Kreis Sensburg – 1950) Schriftsteller

WILHELM WIEN (1864 Gaffken – 1928) Physiker/Nobelpreis 1911

AUGUST ERNST (VON) WILLICH (1810 Braunsberg – 1878) Berufsrevolutionär und US-General

MICHAEL LUKAS LEOPOLD WILLMANN (»Schlesiens Raphael« 1630 Königsberg – 1709) Maler und Graphiker

FRANK WISBAR (1902 Tilsit – 1967) Filmregisseur

Wilhelm Wien

Der Autor
Bernd G. Längin, geboren 1941 in Karlsruhe, arbeitete als Auslandskorrespondent in Asien, war fünf Jahre als Journalist in Namibia tätig, danach Chefredakteur der Courier-Zeitungsgruppe in Kanada und zuletzt Chefredakteur des »Globus«.
1982 erhielt er den Friedrich-List-Preis des Landes Baden-Württemberg für »besondere journalistische Leistungen im Ausland«. Er lebt heute als Schriftsteller und Journalist in Winnipeg/Kanada.

Copyright © 2002 by Verlagsgruppe Weltbild GmbH, Steinerne Furt, 86167 Augsburg
Umschlaggestaltung: Studio Höpfner-Thoma, München
Umschlagmotiv: Bildarchiv Preußischer Kulturbesitz, Berlin
Satz: Buch & Grafik Design, Günther Herdin GmbH, München
Gesamtherstellung: aprinta Druck GmbH & Co. KG, Senefelderstraße 3–11, 86650 Wemding

Printed in Germany
ISBN 3-8289-3145-6
Alle Rechte vorbehalten.

Bildnachweis: Foto: Archiv Königsberg, Archiv »Der Volksdeutsche«, Archiv Graudenz/Schindler, Foto Bittner, Volksdeutscher Bilderdienst, Dr. Krause/Skaiskirren, Foto Hesterberg, Staatsbibliothek Berlin, Presse-Bild-Zentrale, Volksbund-Archiv, Weltbild, Archiv des Autors.